미투리 신사와
詩의 마당

漢詩와 어울리는 時調와 現代詩

미투리 신사와 詩의 마당

恒山 김 유 혁 지음

단국대학교출판부

펴내는 글

詩를 즐긴다는 것은 지극히 자연스러운 일이다.

왜냐하면 우리가 살아가는 時空間의 세계에서는 五色이 눈에 뜨이고 五音이 귀에 들려오며 五味가 먹는 즐거움을 줄 뿐만 아니라 五行의 운행이 무한한 상상력을 자극하기 때문이다.

보고 듣고 느끼고 생각하는 일상생활의 메커니즘 속에서 인간은 最適의 조화미를 찾기 위하여 부단히 노력한다. 그 노력을 기울이는 방향이 어디냐에 따라서 각자의 취미와 전문 분야가 다를 수 있다.

그러나 모든 生類에는 기초 감정이 있듯이 詩는 인간에게 있어서 그 감정과 정서를 순화시켜주는 函數와 같은 의미를 지닌다. 따라서 詩는 일상생활에 있어서 부지부식 간에 모든 이에게 通流되는 메신저가 되어 있다. 특히 詩는 간결한 문장이면서도 격률을 소중히 여기고, 세련된 어휘를 써서 깊은 의미를 함축하고 있다는 특성을 지닌다.

주역 繫辭篇에 易則易知하고 簡則易行(從)이라는 구절이 있다. 즉 어렵게 여겨지는 것도 쉽게 풀이하면 알기가 쉽고, 복잡하게 여겨지는 것도 간결하게 다듬으면 실행하기가 쉽다는 뜻이다.

그래서 그것을 易簡의 法則이라고 한다.

우리들이 일상적으로 접하는 문장 가운데서 詩처럼 간결하고 편이하고 함축성 있는 문장은 없다. 돌이켜보면 인간 사회의 양상은 時의 고금과 洋의 동서를 막론하고 복잡한 사연으로 얽혀 있다.

특히 사회적 기능이 고도로 분화되고 종사하는 직업의 속성이 다양화되어가고 있는 현대사회의 경우일수록 상호 소통의 가능성을 확보하기 위한 길을 넓혀가야 할 것이다.

詩는 바로 그런 역할의 일익을 분담하는 것이라고 생각한다.

필자는 지난 5월말 경 보령에서 "시와 숲길"이라는 주제로 행사가 열리는 "보령개화예술공원"을 방문한 적이 있다. 참으로 놀라웠다. 그 넓은 공간에 육필의 시비가 헤아릴 수 없을 만큼 많았을 뿐만 아니라 형형색색의 모양으로 조형되었고 그리고 조각되어 있는 것을 보았을 때 감탄사의 연발을 스스로 금할 수 없었다.

더욱이 독립운동에 헌신한 선열 시인을 봉안하기 위한 시단 설치 기공식을 거행하는 자리에서 동 사업을 독자적으로 추진해 가겠다는 이양우 회장의 그 강인한 의지에 감동하지 않을 수 없었다.

필자는 그 감동을 오래오래 간직하기 위하여 그간 나름대로 생각했던 것을 현대시와 시조시 및 漢詩로 나누어서 펴내기로 했다.

특히 漢詩는 상해사범대학에서 明詩를 전공하고 있는 李誠 중국인 교수로부터 明代詩人의 名詩 100수를 추천받아 그 중 62수를 골라서 그 당시 韻字에 맞추어 작술하였다. 필자 나름으로는 700년 이전에 살던 先人들의 詩韻에 맞추어 對韻詩를 지을 수 있다는 것은 곧 국경이라는 공간과 시대라는 시간을 초월해서 대화의 장을 연다는 의미를 느낀다.

끝으로 이 원고를 선정해서 출판해준 단국대학교 출판부장과 그리고 현대시 및 시조 부문에 관하여 여러모로 조언을 해준 시인 김석현 박사에게 감사의 뜻을 전한다.

2010年 庚寅歲 菊秋 佳辰 牛眠山舍에서 著者 識

차례(目次)

펴내는 글 5

제1부 현대시

1장 미투리 신사

등 대 19
미투리 신사 20
무궁화 22
기러기 태몽胎夢 24
나 홀로의 길 30
기러기의 편지 32
봉 황 34
두견새의 사연 36
새벽 닭 42
꿩雉 44
한 강 46
늙은 말 47
느티나무 50
살구꽃殺狗 52
단풍잎 54
버드나무 55
뽕나무 56
오동나무 59
감나무 62
눈송이 64

2장 산사(山寺)의 종소리

산사山寺의 종소리 67
시우詩友 70
고속도로 72
시의 대화 74
운 명 75
정화수井華水 76
내가 나를 좋아하는 이유 78
사계절 80
북두칠성 88
백두산 정상에서 90
마니산 92
남 산 94
삼각산 96
바 다 98
3월 26일의 충격 100
태극기 102
한강의 침묵 104
옹야 옹야 雍也 雍也 106
고향 생각 108
차 한 잔 112
고향의 녹차 114

3장 강촌(江村)의 바위

도랑물 119
강촌의 바위 120

비 오는 뜰에서 122
양羊 124
붓毛筆 126
오만하려거든 128
이정표里程標 130
노인정 132
한옥韓屋 예찬 134
허수아비 136
부엉이 138
청계천 140
원두막 142
옷이 날개로세 144
상강湘江의 시혼詩魂 148
불혹不惑의 새마을운동 150
갈등葛藤 154
책갈피 속의 메모 156
스승의 날 158
선비집의 세 가지 소리 士家三聲 160

제2부 시조시

1장 매란국죽

매란국죽梅蘭菊竹 165
대추나무 166
군 밤 167
은행나무 168
용龍有九似 169

잉 어 171
참 새 172
제 비 173
학鶴 174
개미蟻 175
반포오反哺烏 176
벌蜂 177
뻐꾸기 사연 178
강화도 179
산 봉우리 180
반 달 181
비행기 182
포구浦口 183
안 개 184
신호등 185

2장 시(詩)와 숲길

시詩와 숲길 189
경포대 191
청음淸陰과 낙관落款 192
아파트 숲 193
안중근 194
거 울 195
철룡鐵龍 같은 지하철 196
우면산牛眠山 197
함지박 199
구제역口蹄疫 200

씨 름 201
호수湖水 202
침 묵 203
상상想像 204
보릿고개 205
잘 살아라 206
좀도리 통 207
호박 넝쿨 208
옛 낚시터 209
칠갑산 장곡마을 210
왕눈이 묵동墨童 211

제3부 한시(漢詩)

1장 대운시(對韻詩) (上)

谕临蒸县官 216
明十三陵 有感 217
感 懷 218
感 懷 219
晚登西城 220
登 南漢山城 221
京師得家书 222
望 鄕 223
白 燕 224
漢畔 樹亭 225
丙申岁咏怀 226
出 洋關 227

感 事 228
菊秋有感 229
何梅阁山居 230
往 山寺 231
送人之荆门 232
山 行 233
维扬怀古 234
舊王城 有感 235
山 居 236
留 山家 237
征父词 238
憫 貧 239
甘州即事 240
總長 就任 241
晚渡咸阳 242
登 山 243
写怀寄僧 244
山寺夜泊 245
登泰山 246
古堂閑坐 247
秋 夜 248
秋 夜 249
矣 中 250
思 齊桓公 251
立春日舟中题 252
新年 元旦 253
闺 怨 254

思 老萊子之孝 255
閶门即事 256
巡觀 金剛山 257
杂 诗 258
訓 兒 259
塞上曲 260
江 亭 261
思田园 262
思 農村田園 263
寄冯敬叔 264
鷄龍山 265
平壤拜箕子墓并访井田遗迹 266
往 平壤 267
居庸关 268
白馬高地戰鬪 269
贈西人利西泰 270
一四後退 271
高州杂咏 272
越南戰線 273
盘山绝顶 274
登 普德窟 275
怀陈将军同甫 276
安重根 義士 277

2장 대운시(對韻詩) (下)

凱 歌 282
越南密林 月夜 283

闻 警 284
仁旺山 285
山海关 286
山海關 287
送别刘大甫 288
惜 别 289
邮亭残花 290
殘 雪 291
沛县过高帝庙 292
思 漢高祖 293
夏日闲居 294
老客作友 295
南行感怀 296
客 愁 297
杂 诗 298
自警自說 299
秣陵桃叶歌 300
紅桃歌 301
黃河夜泊 302
黃河有感 303
登 楼 304
鄉 愁 305
吊淮阴侯 306
弔鳥死 307
秋日野望 308
秋日望野 309
望匡庐 310

醉 金剛山 311
题杜少陵像 312
草堂問候 313
题杜少陵像（續） 314
草堂問候（續） 315
赴戍宣州卫 316
回顧 狙擊陵線 317
别云间 318
白頭山天池 319
洞庭酒楼 320
野 菊 321
感 旧 322
感 舊 323
望景楼 324
故 宮 325
早 行 326
早朝觀日 327
江 水 328
江 村 329
重 九 330
重陽節 331
送人之金剛山 332
金剛山 333
漫 书 334
長白山 335
寄权正卿 336
書友惜別 337

次庆州壁上韵 338
慶州有感 339
次华使张承宪公游汉江 340
漢江閑步 341
感 遇 342
獨 白 343

색 인 345

제1부 현대시

1장 미투리 신사

등대

묘연渺然한 수면의 파장이
끝없이 이어지는 운제선雲際線,
쉬어갈 수 없는 파도만이
백포白泡를
토해내는 푸른 물뻘,

세월도 잊은 채
외롭게 홀로 서서
제자리 한곳 지키는 등대여,
물결소리에 지치고
바람소리에 늙어가네.

아득한 창공과 맞닿는
수평선 저 너머의 시극선視極線.
바라봐도 무한 그것만이
마음을
헤쳐 놓는 허공일세.

파동波動의 바다에서
부동不動의 기둥 되어
길잡이 큰 몫 다하는 등대여,
신호의 등불 하나로
북극성北極星의 자리 지키네.

미투리 신사

미투리 신고 가는 저 양반
의관 차림새 점잔하고
교양미敎養美가 넘쳐난다.

의젓한 몸가짐에
사람들마다 예의禮義 갖추며
주고받는 말솜씨 세련미洗練味 넘친다.

서로 건네는 인사말도
품격品格 있어 고상하고
대화의 두서頭序가 정연하여 포근함을 안겨준다.

우아한 의상이 도포道袍라서가 아니며
모자가 갓이라서가 아니다
그리고 두발이 상투라서도 아니다.

미투리 신은 신사의 모습에서는
선비다운 풍모風貌가 조화롭게 넘쳐나기에
시선이 끌리고 마음이 그에게로 쏠린다.

미투리 신고 가는 저 양반
흰 옷 걸침새 우아하고
인성미가 풍겨난다.

정중한 행동거지
보는 이마다 부러워하며
다가가고 싶다는 충동을 느낀다.

서로 건네는 시詩 한 귀도
운격韻格 맞춰 주고받고
대귀對句로 서로를 칭찬하는 덕성미가 돋보인다.

모필毛筆을 휘두르는 선비여서가 아니며
풍월風月을 벗 삼아서가 아니다
그리고 고전古典을 달통해서도 아니다.

미투리 신은 신사의 행색行色에서는
스승다운 체취體臭가 그윽하게 풍겨나기에
나도 모르는 새 호감好感이 그에게로 쏠린다.

무궁화

피고 지는 꽃마다
화무십일홍花無十日紅인데
무궁화는 피고 지고 또 피어난다.

비바람 몰아쳐도 꽃망울 터뜨리고
손길 닿지 않는 외진 곳에서도
꽃은 피고 또 핀다.

어려운 세상을 꽃으로 웃어주고
괴로운 마음도 꽃으로 달래준다,
그 이름 그 꽃이 전하는
메시지가 여기에 있다.

무궁화 피어나듯이 웃으며 일어서라고,
칠전팔기七顚八起의 희망을 키우라고,
일기당천一騎當千의 용기를 지니라고,
용기를 지니라고.

오고 가는 철새도
길어야 한철인데
무궁화는 피고 지고 또 피어난다.

눈보라 휘날려도 꿋꿋이 견뎌내고
돌보는 이 없는 들녘 가에서도
꽃은 피고 또 핀다.

외로운 나그네 꽃으로 맞아주고
선비의 시흥詩興도 꽃으로 대작한다,
그 이름 그 꽃이 전하는
메시지가 여기에 있다.

무궁화 피어나듯이 웃으며 일어서라고,
칠전팔기의 희망을 키우라고,
일기당천의 용기를 지니라고,
용기를 지니라고.

기러기 태몽胎夢

1.
기러기 날아드는
소리가 들려오면 온 세상이
가을이로세 라는 옛님의 시,

왠지 마음을 크게 열어준다,
높은 하늘 광활한 들녘을
내 가슴 속에 펼쳐주니 말이다.

오륙척의 단신短身일지언정
건곤乾坤과 맞먹는 마음이
내 가슴 속에 자리 했음을
깨우쳐 주는구나.

2.
기러기 오고가며
가을철 무르익는 그 어느 날
어머니 따라 들녘에 나갔다.

그 때 처음 들은 태몽 이야기,
네 태몽은 기러기라 하신다.
무슨 뜻인지조차 모를 때였다.

네 마리 기러기 날아가다가

한 마리 구름 속에 숨어
안 나오더니 네가 태어나,
삼형제가 됐다고.

3.
어릴 적 얻어들은
이야기이지만 평생 안 잊혀
기러기 운세 알고 싶어져서,

왠지 정든 손賓처럼 느껴지네,
가까이 할 수 없는 새 이지만
가을철이면 꼭 만나는 벗일세.

가을걷이 시작돼 즐겁고
오곡백과 자태姿態 뽐내며
풍성한 마음 안겨주니,
좋은 계절이로세.

4.
시집가는 새아씨
장가드는 신랑 마음 들뜨고
전안청奠雁廳도 온 종일 북적인다.

안부雁夫 외쳐대는 소리 들리면

조롱말 탄 신랑이 들어오고
뒤따르는 상객上客도 줄을 잇누나.

홀기笏記 읽는 집전자執典者 말 따라
주례主禮 없이 혼례婚禮 열리고
전안奠雁이란 순서에 이르면
목안木雁이 들어온다.

5.
나무로 된 기러기
근엄謹嚴히 신부 앞에 전해진다,
이것이 신랑의 메시지라네.

여기엔 신랑의 뜻이 담긴
제가철학齊家哲學 전하는 것이로세,
어찌 사랑만의 마음 다짐이랴.

기러기를 귀감龜鑑으로 하는
그 깊은 뜻을 전하고자
목안木雁을 정중히 다루노니,
그 전통 값지어라.

6. (信)
고인古人이 전하기를

기러기가 지니는 네 가지 덕德,
되새겨야 한다고 하였다네.

가을이 돼서 돌아온다 함은
신의信義를 철칙鐵則으로 여기면서
부부애정 영원함을 상징한다.

신뢰 없이 살아갈 수 없다,
님 믿는 마음 시든다면
풍성한 가을인들 뭣하랴,
믿음이 으뜸이야.

7. (和)
큰 기러기 앞에서
작은 기러기 뒤따라 날으며
팔자행열八字行列 지어 아름다워라.

구름 위를 날으며 속삭이네,
아기자기한 그들의 의사를
주고받으며 굳은 화목 다지네.

기러기 떼 화목 본받아서
부창부수夫唱婦隨 그 뜻 살리며
행복한 가정을 이루자고,

마음 다짐한다네.

8. (節)
기러기 짝 잃으면
홀로 살지언정 절개 안 바꿔,
이것이 기러기의 지조이로세.

험한 세상을 살아가노라면
고苦와 낙樂이 거듭될 수 있지만
하나 돼서 이겨가야 행복하리.

절개 없는 부부가 있다면
행복가정 어찌 기期하랴
조강지처糟糠之妻의 뜻 새겨보며
지조를 기둥 삼세.

9. (義)
기러기 밤 잠 잘 때
군숙群宿하며 서로를 감싸주고
집단안전 으뜸으로 여긴다.

모두 잠 잘 때 안노雁奴는 자지 않고
초계병 되어 밤새 감시하며
외적 습격外敵襲擊을 신명身命 바쳐 막노라.

의義롭고도 책임의식 강해,
남녘 가서도 북녘 가도
한결 같은 기러기의 의리,
그 어느 동물엔들 견주랴,
장하고 장하여라.

10.
어머님 일러주신
기러기 태몽 참 감사하여라
안유사덕雁有四德 값진 교훈 얻었네.

해외여행 자주 드나들지만
기러기 태몽 탓이란 생각에
가족들도 도리어 반겨주었네.

계절 따라 구름 위 나는
기러기 행렬 장렬하다.
아름다운 기러기 모습을,
영원히 간직하리!

* 필자는 소년시대 어머니로부터 얻어들은 나의 태몽이야기를 잊지 않고 있다.

나 홀로의 길

산 넘어 고개 마루 돌무덤에
청운青雲의 뜻을 심고,
나 홀로의 발길
광야曠野를 달린다.

모진 풍상 거듭될 때마다
낙락장송落落長松 바라보며
독야청청獨也靑靑 그 모습을
그린다 그린다.

독야청청 그 기상氣像을,
품에 안는다 품에 안는다.

물 건너 나룻 터 큰 바위돌에
마음을 다지면서,
나 홀로의 갈 길
대양大洋을 누빈다.

낯선 타향 시름 클 때마다
고동소리 되뇌이며
해양등대海岸燈臺 그 모습을,
그린다 그린다.

해안등대 그 불빛을
마음에 밝힌다 마음에 밝힌다.

기러기의 편지

기러기 돌아갈 때
북녘으로 소식 전하고
기러기 돌아올 때
가을풍경 즐기노라.

여덟팔자 진을 치고 창공을 가를 때,
세상 사람들은
멀리멀리 바라보면서
형제우애兄弟友愛 생각하며
안행雁行을 칭송한다네.

기러기의 자랑
신 화 절 의信和節義 믿음 화목 정절 의리,
우리 가정 행복 가꾸세
행복을 가꾸어 가세.

기러기 목각상木刻像을
혼례청에 모셔 들이고
우리네 백년가약
행복으로 약속한다.

전안奠雁이요, 그 한 마디.
신부도 신랑도
기러기 정절을 거듭거듭 다짐하면서,

가정사랑 생각하며
안덕雁德을 칭송한다네,

기러기의 자랑, 믿음 화목 정절 의리信和節義.
우리 가정 행복 가꾸세,
행복을 가꾸어 가세.

봉황

봉황이 날으던
그 때가 언제였던가,

기산岐山 기슭
대나무 숲에 날아들었을 때,

임금님의 치덕治德을 칭송하는 그 소리,
그것이 봉황의 노랫소리였다네.

만고강산 곳곳마다
바람 불고 비 오는데,

격양가擊壤歌 부르는 가락이 울려 퍼지고
우순풍조雨順風調 즐기며,
만세번창 기원하노라
만세번창 기원하노라.

평화가 자리한
그 때가 언제라던가,

남산 기슭 오동나무에
잎이 피었을 때,

백성들의 봄나들이 즐겨하는 그 풍경
그것이 봉황의 춤추는 모습이라네.

금수강산 방방곡곡
춘하추동 바뀌는데,

태평가太平歌 부르는 가락이 이어져 간다
시화연풍時和年豊 즐기며
만세번창 기원하노라
만세번창 기원하노라.

두견새의 사연

1.
밤이면 우지지는 서촉西蜀새,
맺힌 한이 무엇이기에
홀로서 밤새워 우는고?

잠 설치며
들어봐도 알 길 없구나.

애절한 너의 사연을,
누구에
전하려는 것인가?

2.
안타까운 네 사연 알고자
옛 날 촉나라 성터 찾아
중국 땅 먼 길을 갔노라.

유현덕劉玄德과
제갈공명諸葛孔明 서로 만나서

온갖 풍진風塵 다 거두고,
그 곳에
서촉西蜀이 세워졌다.

3.
그곳 다른 부족 중에는
휼민심恤民心 강한 두씨杜氏 있어
주민들 칭송 자자터니,

그의 명성
날로 높아 두왕杜王 되었네.

두왕의 선정善政 꽃피자,
방민邦民은
태평성대 누렸네.

4.
두왕 늙어 자리 물림하고,
신선되려 견산鵑山에 올라
수도修道 후 새가 되었다네.

그 새 이름,
그래서 두견새杜鵑鳥 이로세.

두왕선杜王仙 견산鵑山에 살며,
언제나
방운邦運 빌고 빌었네.

5.
그런데 후계군주 태만하고
민생 외면 능사能事로 여겨
원성이 날로 높아가자,

충간고언忠諫苦言,
듣지 않는 악군惡君 되었네.

양위讓位 받던 그 옛 모습
어쩌나?
다시 찾기 어려워.

6.
방민邦民들의 아우성 커져가고,
애민지사愛民志士 몰려가지만
궁문宮門 닫혀 열리지 않네.

어찌하랴
두왕혼杜王魂에게 호소할 뿐,

신뢰 잃은 악군惡君이여,
묻노니
천인노기天人怒氣 아느뇨?

7.
두견새 참다못해 날아올라
울기 시작 거듭하면서,
밤에만 궁궐 찾았네.

왕의 침소寢所,
창 밖에 앉아 울어댔다.

눈을 뜨고 귀를 열라,
왕이여
잠 깨고 정신 차려!

8.
두왕혼杜王魂의 두견새 날아와서
밤을 지새며 울어대니,
왕도 드디어 마음 돌려!

귀민정신貴民精神,
두견새의 꾸준한 외침!

민의民意 전하는 애절감,
왕인들
어쩌랴 회심悔心했네.

9.
겨울철 지나면서 궁핍窮乏 더 해
새 봄철 견디기 어려워,
이것이 춘궁기春窮期로세.

봄이 오자
산과 들에는 꽃이 핀다.

진달래라고 일컫는
꽃이여,
왜 두견화杜鵑花라 했나?

10.
두왕혼杜王魂이 견산鵑山서 새가 되어,
춘궁기마다 울어대니
그 이름 따게 되었네.

밤이 되면
왕을 위해 울던 새였네.

낮엔 방민邦民이 듣지만
왕에겐
밤에 울어야 했다.

11.
두견새 울 때 진달래 피어나니,
꽃 이름도 두견화로서
새도 꽃도 하나 됐네.

두견화야,
굶주린 이에게 꺾이누나.

너의 꽃잎 꺾이지만
기근饑饉을
널리 달래준단다.

12.
두견새야 자규子規야 알았노라
너의 한恨이 백성 위한 것을,
궁핍 없는 봄을 맞세.

애절쿠나
자꾸 울어대니 자규子規련가?

나도 함께 불러본다,
두왕혼杜王魂!
부디 잘 지내소서!

새벽 닭

새벽녘 닭이 울 때면
하늘도 땅도 깨어난다.

하루는 새벽이라는 이름으로
굼틀거리기 시작한다.
그리고 대지는 뭇 군생들의
새벽잠을 깨운다.

이즈음에 큰 기지개를 켜는
그런 사람들이 새벽의 주인이 된다.

축시丑時에 닭이 운다고
계명축시鷄鳴丑時라 일컫는다.

세시를 인시寅時라 한다, 그 때 되면
태양의 기운 솟아난다.
그리고 산수왕山獸王 호랑이들이
주변을 배회한다.

새벽길 조심하라는 말씀
그래서 쓰였다고 예로부터 전해 온다네.

새벽종소리 울리자
우리는 뛰어 나갔다네.

그것이 새마을운동 시작이다.
잘 살아보자 외치면서
그리고 우리는 할 수 있다고
마음 다져 일했다.

땀을 흘린 그들은 굳세었다,
그래서 새마을은
새벽 닭 동반자同伴者였네.

꿩雉

춘궁기春窮期는 꿩들도 겪어야 하는
어려운 시절인 듯 느껴진다.

콩 심은 밭고랑 헤쳐서
콩을
파내 먹었으니

농부의 화를
어떻게
달래주려는가?

콩알 먹고 좋아라
꿩 꿩 하다가는
지나가던 포수砲手에 들킬까 두렵도다.

흰 목둘레 뽐내는 한반도의 꿩,
목거리 한 셈이니 뽐 낼만도 하다.

먼 곳을 날으지 못해서
고장 언저리에서만
살고 있으나
위험은

항상 뒤 따른다.

만두 빚기 위해서
꿩 사냥 나서니,

눈雪 위에
발자국이랑 남기지 말아다오.

꿩을 잡는 새매도
먹을 것 주면,
사냥감 물어다가 주인에게 준다.

그러나
꿩은 그렇지 않다.

꿩은 울안에 가둬서
길렀지만,
놔주면 그냥 달아난다.

먹거리와 지조를,
어찌 막 바꾸랴?
선비다운 그 기질
공자孔子도 예찬했네.

한강

육백년 도읍지에
숨겨진 온갖 애환哀歡.
너는 알고 있으련만
네게 묻는 이 없어 대답 없나,
대답 없이 묵류默流하는
한강 물줄기 타고
함께 흘러만 가고 싶구나.

나루터 외진 곳에
조용히 홀로 앉아
물끄러미 물을 보며
지나간 그 옛날을 회상한다.
회상 속에 떠오르는
과거 현재 미래가
차례 없이 오고 가는구나.

물 흐름 이어 가네, 되돌림 아예 없다.
그렇지만 사람들은 바둑 한 수 물리 듯
역류逆流하려 고뇌 번민 거듭하며,
속절續絶없는 마음을
물에 담가 보려고 한다네.

늙은 말

말을 타고 달려가는
기사의 모습,
일기당천一騎當千의 기상이
하늘에 솟구쳐,

말의 위용은
전쟁터에서도 큰 몫을 하지만
인간에게
지혜를 주는 몫도 크다네,

징키스칸의 구마술驅馬術이
세계를 제패하고,
동서로
문화유통의 새 길을 열었도다.

제주에 가면 작은 말이
눈에 뜨인다,
대장 따라서 오가는
말들의 대연기演技.

몽골후예를 보고 있는 듯이
회상에 젖는다,
경마장엔 못 가지만 미덥긴 하다.

고구려 시대
용마술用馬術을,
누가 따르랴마는
그 때의
후손 마종馬種이 이건가 묻고 싶다.

전쟁터서 지친 병사
이겼다지만,
돌아가는
길
찾기란 쉽지가 않다네.

산하山河와 들을,
헤치며 갔기에
길
따로 없고
초목들이 크게 우거져
헤매게 되지만
늙은 말들을 앞세우면
귀로歸路를 쉽게 찾는다.

그래서
노마식도老馬識途란
병훈兵訓이 전해진다네.

느티나무

느티나무 그늘 아래 둘러앉아서
하늘 천 땅 지
글방 삼아 꿈을 키우던 곳.

대학지서大學之書로 수기치인修己治人 깨우치며
뜻을 세우던 곳.

중용지도中庸之道 익히면서
마음의 중심을 바로 세우며
청운靑雲의 꿈 이루고자
사서오경四書五經 즐겨 읽던 자리.

느티나무 두터운 그늘
모두에게 베푼 음덕陰德이어라.

느티나무 정자삼아 모여앉아서
어버이 공경 형우제공兄友弟恭
서로 익히던 곳.

인의예지신仁義禮智信 오륜삼강五倫三綱 배우면서
뜻을 세우던 곳.

미풍양속美風良俗 가꾸면서
고향땅의 자랑을 다짐 하고
예향禮鄕의 꿈 이루고자
생활예절 익혀 가던 자리.

느티나무 두터운 그늘
모두에게 열린 도량道場이어라.

* 필자의 고향인 충북 음성군 생극면 오생리에 있는 느티나무.

살구殺狗 꽃

우리 고장 가는 곳마다
아름답구나
사계절 뚜렷하여
계절 따라 뽐내는
산하풍광山河風光이 절묘하다.

소한小寒에 피는
매화를 선봉장 삼아
그 뒤를 이어 이어
살구꽃이 피어난다.

여섯 달 동안 이어지는
화심풍花信風의
꽃 잔치가 화사華奢하다네.

봄소식
다투어 전하면서
벌과 나비 맞기에 바쁘건만
지칠 줄 모르는
그 자태에
나도 모르게 봄에 취醉한다.

담장너머 한적한
양지 바른 언덕에
홀로 선 살구나무
봄소식 노칠세라
붉은 꽃망울 터트린다.

꽃잎이 다섯이라
오엽화라 하지만
돌연변이 일으켜
여섯 꽃잎도 있다네,

그 꽃에
실絲을 매어놓고
열매 익은 뒤 따보면 쌍동 씨라네.

뜰 아래
누렁이 알랴마는
쌍동 열매를 살구殺狗씨라 한다,
복伏 날 돌아오면
누렁이에 먹이는
매정한 행인杏仁이로세.

단풍잎

기러기 날아들 제,
산과 들은 새 단장 서두는구나,

울긋불긋
온갖 교태 뽐내어
가을을 장식하며 기러기 떼 맞아주네.

서릿발 무섭다지만
들국화, 웃음 지으며 찬 서리를 즐겨하니
삭막한 벌판에도
향내로 유혹하는 국화 있어 포근하다.

구름아, 어디로 갔나?
가을 하늘 더 높고 광활하구나,

호연지기浩然之氣
마음껏 호흡할 째,
하늘도 땅도 산도 오색으로 빛나도다.

버드나무

봄소식 배달부인가,

잔설殘雪 속에서도
버들 잎 푸르게 선보이며,
미풍微風을 그네 삼고 날아올라
야들 야들 예쁜 손짓 하며,
한마寒魔의 귀북歸北을 재촉한다네.

꾀꼬리 불러들여 노래잔치 열고
풍류객風流客 향하여 춤을 추면서
호들기 꺾어 불며 노니는
목동마저 두루 끌어들여
춘광春光의 향연 함께 즐기니.

도연명陶淵明 살았을 제
즐겨 불던 피리,
그 소리 뉘라서 들으랴만,

다섯 그루 버드나무 아래
지워지지 않는 그의 영상影像
이름하여 오류선생五柳先生이로세.

뽕나무

푸른 잎
피어날 때
뽕나무 밭 가는 길은
유난히도
북적거렸다.

할머니 아주머니 그리고
수줍은 모습의 아가씨도
다리끼 옆에 끼고 재촉하곤 했다.

누에고추 길러
명주 길쌈
서둘기 위해서다.

그리고
명주 옷 지어서
새 옷 비심,
꿈을 이루기 위해서였다.

그러나
그 옛적의
정겨웠던 풍경들은
어즈버
간 데 없구나.

어머님 늙으시고, 아가씨
고향집 떠난 지 오래였네.
마을도 정막하고 인적도 드물다.

길쌈하던 베틀
형체마자
찾아보기 어려워.

그리고
어머님 손길로
짜낸 명주,
그 날의 기억일 뿐!

수직물手織物
명주명품,
뽕잎 따서
누에 키워
명주 실 자서 짜낸 것.

일련의 힘겨웠던 그 공정,
아낙네 누구도 마다 안 해,
서방님 곱게 가꿔 살자는 일인데.

번데기 하나가
천 미터의
실을 토해낸다,

그 실은
타래로 감겨서
끝없이 풀리는
사랑의 상징이었네.

오동나무

오동나무 심는 곳에
어버이 사랑이
뿌리를 내린다.

오동나무는 마디가 없는
무절목無節木이라 선호選好한다네.

자녀들에게
시련 없는 생애가
펼쳐지기를 바라면서,

봉황이 즐겨 깃드는
그대임을
어찌 외면하리요.

오동나무 심을 때는
다음 해 베어낼
마음 먼저 지녀.

새로 돋아난 나무를 베는
그 매정한 마음 뉘 알리요.

이듬 해 돋아난
나무도 또 잘라,
삼년 후부터 기른다오.

근력根力을 먼저 북돋아
재목다운
나무 키움이로세.

열두 자 넘게 자랄 때
나무의 쓰임새
값지게 여긴다.

악기 재료로 많이 쓰이며
음향효과도 뛰어나다네.

오동나무의
열두 잎은
정확히 열두 달을 의미한다오.
윤달이 되면 열세 잎,
그 신기함을
뉘 능히 헤아리랴?

감나무

뜰 앞에 감나무 한 그루
일찍이 장가들여 성숙해진 감나무,

큰 줄기 새에 돌을 끼워서
수형樹形을 옆으로 벌려 놓았네.

해마다 가을이 되면
푸짐한 붉은 열매 주렁주렁 열린다.

붉은 홍시 익어갈 때
부모님의 입맛 돋궈드리려는
자녀들의 효심孝心을 일깨워 준다네.

들녘에 가을이 왔을 때
우리 집 뜰 안엔 감나무 잎이 나부껴,
두텁고 구김 없이 알록진
그 잎은 자연의 수채화水彩畵이어라.

옛날의 풍류객들은
감나무 잎에 시를 써서 주곤 했다네.

땡감은 침을 담구고
붉은 감은 곶감으로 잘 말리며
홍시는 고이 다뤄 제상에 올린다.

가을 하늘 맑고 높은데
기러기 오가면서 가을을 즐기누나,

감나무 잎은 나부끼지만
열매는 서리霜로 몸을 익힌다.

가을이 저물어가면
감나무 상대에는 까치밥을 남긴다.

눈이 덮인 설한기雪寒期에
굶주리면 어쩌나 안타까워서
귀여운 까치에게 정을 나눔이로세.

까치도 아는 듯 하여라
감나무 가지에는 집도 짓지 않는다.

겨울 먹거리 주는 고마움
새인들 어찌 모르고 지내랴.

설날의 아침이 되면
까치가 날아와서 무엇인가 알린다.

까치 설날 우리 설날
어제 오늘 이어 노래를 부른지
아득한 기억 속에 뿌리도 깊어라.

눈송이

눈이 내린다.
내리면서 나부끼누나,
겨울철을 즐기는
나비인 양 가볍게 나른다.

눈은 희구나,
희다 못해 백광白光되었네,
밤빛조차 물리는
야광주光珠의 대역代役을 하누나,

눈과 대지는
서로 만나 옷 갈아입네,
백의민족 그 영상影像
눈 빛 빌어 다시 떠 올린다.

육각체모六角體貌는
누가 그린 화상畵像이었나
변치 말라 네 모습
두고두고 감상 하고프다.

2장 산사(山寺)의 종소리

산사山寺의 종소리

뉘의 법력法力에 힘입어
이룩된 불사佛事였나,

가파른 길을 헤치고 또 올라가도

절벽에 매어달린 듯,
풍경소리만
나뭇가지 사이사이로 새어 나온다.

산사山寺의 정경情景이
절묘하고 또 오묘하여서
몇몇 줄의 시폭詩幅에
담아가기 어렵지만,

그 묘경을 만들어낸
불가사의不可思議한 힘을,
알고 싶어라.

계곡 깊은 곳까지
산사의 종소리는
울려 퍼진다.

석양의 붉은 노을이
온 누리를 물들이 듯
메아리치는
종의 음파音波,
바위 틈새까지 스며든다.

하루의 고달픔 잊은 채
저마다 쉬려는데
우리 군생들에게는,

단잠을 드리워주는
부처님의 자장가요
자비로운 광영의 베풂이로세.

종鐘이 있고 소리 있어
종소리 들을 때면,
공空을 느낀다.

어디메 종이 있느뇨
아랑곳 하지 않으며
종성에 취해,
색공色空의 경계선을
홀로서 넘나든다.

억겁의 세월을
어찌 헤아릴 수 있으랴만,
억조창생 저마다
하루 시간 빌려주면,

영겁永劫의
경지境地로 가는
문턱이라도 두들길 수 있으리.

시우詩友

시詩를 통해 보는 세상은
꾸밈새 없는
진실이어라.

바람소리도 시의 벗이며
물 흐름도 시의 벗이니까.

시객詩客을 누가
풍류객이라 하였던가,

바람과 물을
벗 삼으니,
풍류를
떠난 시의 세계는
정막강산일 뿐이로세.

벗이 있어서 즐겁다면
말벗도 좋고
술벗도 좋아.

그러나
시우詩友 없다 한다면
시담詩談도
시주詩酒도 없으리라.

꽃길을 끼고
새소리 들으며 거닐 때
시월時月을 그린
멋의 정경情景을
마음에
수놓으며 즐긴다.

쪽지 한 장에 적어 놓은
구절구절이
꿈틀거릴 때,

즐거운 감회
솟아오르고
시상詩想의 광장이 열려 간다.

시를 아기처럼
품에 안고 주유周遊할 때,
흥겨운 리듬 절로 나와

화和의 즐거움
낙樂의 흥겨움
모두의
어울림이로세.

고속도로

아침에 천 리 길 저녁에 천 리 길
앉아서 달려간다.

이것이 고속도로라네.

산을 뚫고 강을 건너 언덕을 넘어서
반도강산의 대동맥 이루었네,

일일생활권을 누리면서
살아가는 오늘의 즐거움을
내일로 이어 가리.

금수강산 무궁화동산이
우리네 고장이라네.

천구백 칠십년 칠월 칠일에
기념탑 세웠노라.

이것이 위령탑이라네.

일흔 일곱 산업전사 그 넋을 달래며
하늘나라로 메시지 보냈노라,

영겁의 세월 오손 도손 즐기시며
이승의 공든 탑을
내세로 빛내소서.

금수강산 무궁화동산이
우리네 고장이라네.

시의 대화(祝詩: 大學入學試驗合格)

장재아손김주신(壯哉我孫金周新) 장하다! 우리 손자 김주신!
대입유난독극신(大入有難獨克辛) 대학 진학 어렵건만 홀로서 잘 해냈구나.
고려중경개등격(高麗中慶皆登格) 고려 중앙 경희대학 모두 합격했으니
차외하구시효친(此外何求是孝親) 무엇을 더 원하랴 이것이 큰 효도인 걸!
유시함소언기몽(幼時含笑言其夢) 어려서부터 웃으며 장래 꿈을 말하더니
몽로이개시각진(夢路已開始覺眞) 그 꿈길 열렸으니 네 참뜻을 알겠노라.
인술위선심호국(仁術爲先尋好國) 의술을 으뜸 삼아 장차 선진국 찾아가서
필성초지작의인(必成初志作醫人) 뜻한바 꼭 달성하여 큰 의학자 돼다오.

2009년 12월 30일 합격자 발표 소식을 접하던 날에 할아버지 恒山 題

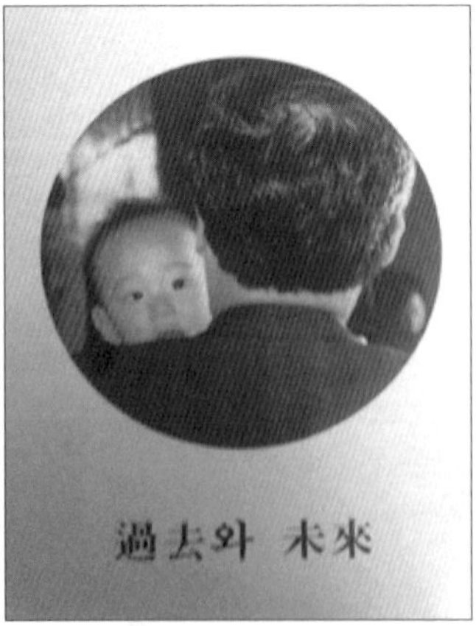

(꿈의 온상)

(꿈터의 주인공들)

운명

(할아버지에게 올리는 화답시)

(김주신)

나무에는 잎이 달려
청록수 같이 푸르른데
냉기의 눈은 아직도 남아 있네

잎이 하늘을 향해 치솟는데
눈은 땅에서 맴돌다 결국은 사라질 운명...

겨울 내내 잎을 내지 못하는 나무
하지만 根本은 잃지 않으려

나뭇가지는 내주지 않는 구나
마치 死六臣을 보는 듯...

세월처럼 짧은 눈의 운명
정치인처럼 남을 헐뜯기에 급한 눈의 운명...
결국 승자는 나무라네...

아아.. 나의 道에 아무리 냉기가 많아도
나뭇가지는 잃지 않아야지...

태양이 찬란히 퍼지며
나무의 잎이 태양을 향해 뻗어나가네...

(2009년 12월 31일)

정화수井華水

오경五更의
새벽잠을 설치시며
정화수
길어 오시던
어머님의 숨긴 모습,
새벽달만이 안다.

전선戰線의 아들
무운장구武運長久
칠성七星님께 빌고 빌어,
별님만이 알리라
어머님의
티 없는 정성을.

아아 — — 하해 같은 그 사랑
누가 알리요,
어찌 헤아릴 수 있으랴.

비바람
무릅쓰고 두 손 모와
정화수 앞에
앉아서
정성어린 기도로서
지침도 잊으셨네.

타관 땅 아들
금의환향錦衣還鄕
칠성七星님께
빌고 빌어,
별님만이 알리라
어머님의 그 깊은 가슴을.

아아 - - 태산 같은 그 은혜
누가 알리요
어찌 헤아릴 수 있으랴.

내가 나를 좋아하는 이유

한번 다짐했던 마음인데
어찌 바꾸랴,

사나이의 가는 길
산맥처럼 뻗어가는 길,

뜻은 봉우리요
구름과 속삭이고,
마음은 강물이라
대지를 흐른다.

이것이 사나이의 발길인데
어찌 멈추랴, 어찌 멈추랴.

이것이 내가
나를 좋아하는 이유랍니다.

내가 말하였던 약속인데
어찌 버리랴,

장부다운 그 뜻은
태산처럼 당당 하다네,

희망이 크다오
건곤을 주름잡고,
정열이 끓는다오
활화산 닮았다네.

이것이 사나이의 가슴인데
어찌 멈추랴, 어찌 멈추랴.

이것이 내가
나를 좋아하는 이유랍니다.

사계절

1. 봄비

조용히 내리는 봄비
내리면서 대지를 적신다.

겨울잠에서 깨어난 얼굴을 씻어주며
봄맞이 단장을 서둔다.

풀잎도 꽃잎도
봄을 손짓하며,
희망을 속삭인다
희망을 속삭인다.

내 마음에도
봄비가 젖어든다.

다짐했던, 다짐했던,
내일의 희망을 키워가련다.

화신풍花信風 알리는 꽃잎
피어나며 향기를 전한다.

벌과 나비를 부르며 웃음을 터트리고
봄 마당 잔치를 연단다.

참새도 제비도
노래 부르면서
희망을 속삭인다
희망을 속삭인다.

내 가슴에도
향내가 넘쳐든다.

아름다운, 아름다운,
내일의 큰 꿈을 키워가련다.

2. 하운夏雲

여름 하늘의
구름떼는
바람을 타고 흐른다.

가다가 쉬어갈 곳 없는
구만 리의 긴 여정이지만.
서둘지 아니하고
쉬지 않으면서 흐른다.

흐르면서 높은 봉우리 만나면
쉬어가다가 멈추고,
멈추어서
정겨운 구름 산, 그림을 그린다.

그 그림에
나의 마음을 담고
희망의 꽃잎을, 희망의 꽃잎을,
하나하나 피워 가련다.

여름 하늘의
뭉게구름
활화산처럼 솟는다.

솟아나 높은 산 만들어
푸른 하늘 다 차지하지만,
고요히 흩어지고
다시 멀리멀리 흐른다.

흐르면서 산을 넘으며
넘어서 다시 하늘을 누비고
누비면서
정겨운 동양화 한 폭을 그린다.

그 그림에
나의 포부를 담고
내일의 보람을, 내일의 보람을,
하나하나 심어 가련다.

3. 가을 달

가을 하늘 둥근 달
구름 사이로 달린다.

별들이 속삭이는
은하수를 건너서,

온 누리 사람들의 마음을 싣고
내일의 동쪽을 향해서
달리고 또 달린다.

외로운 밤길도
마다 아니하고
외로워하는 사람들의
벗이 되어, 벗이 되어,

구만리 장천을
밝히며, 밝히며 달려서 간다.

가을 하늘 보름달
높은 산 위로 떠올라,

홀로서 웃음 짓는
즐거움을 보인다.

온 누리 사람들이 소원을 빌며
내일을 위해서
다가와 주기 때문이라네.

어버이 만수무강을
기원하며,
절구질하는 토끼 모습
자랑 삼아, 자랑 삼아,

이 세상 끝까지
힘차게, 힘차기 달려서 간다.

4. 겨울 눈

겨울눈이
내리면서 쌓인다,
쌓여서 흰 옷 되어
대지를 덮는다.

가을이 남기고간
발 자옥을
곱게 덮고 덮어
백의천하白衣天下 이룬다.

앙상한 가지마다
흰 꽃 피워 단장하고,

어려서 뛰놀던
뒷동산
눈 꽃 화원 되었네.

겨울눈은 전해준다
순결의 메시지를,
순결의 메시지는
동서와 고금으로 통하는
사랑의 편지.

함박눈이
바람결에 날린다.
날리며 춤을 추며
창가를 스친다.

모습을 감추었던
봄 풍경을
다시 알려주듯
낙화落花처럼 나부낀다.

벌처럼 나비처럼
서로 함께 어울리니

봄 동산
뛰놀던 추억들이
하나 둘씩 떠올라.

겨울눈은 알려 준다
포근한 메시지를,
포근한 메시지는
동서와 고금으로 통하는
사랑의 편지.

북두칠성

별님들 세상에서
우주의 파수꾼 되어
억만 년 변함없이
한 자리 지켜간다.

어제도 오늘도 빛난다,
언제나 빛난다. 그래서

북두칠성 이십팔숙二十八宿은
우리의 영원한 나침반이라네.

동쪽에는 각항저방심미기角亢氐房心尾箕
일곱별이 빛나고,
북쪽에는 두우여허위실벽斗牛女虛胃室壁
일곱별이 진을 친다.

별님들을 바라보며 우리는 외치노라,
우주여행의 꿈을 싣고 간다고.
러키 세븐 러키 세븐, 러키 러키 세븐 스타,
러키 세븐, 러키 세븐.

세월이 바뀌어도
시간을 잡아둔 듯이
제자리 지키며
늙지도 않는다네.

쉴 줄도 모르고 빛난다,
언제나 빛난다. 그래서

북두칠성 이십팔숙二十八宿은
우리의 영원한 이정표이라네.

서쪽에는 규누위묘필자삼奎婁危昴畢觜參
일곱 별이 버티고
남쪽에는 정귀유성장익진井鬼柳星張翼軫
일곱 별이 속삭인다.

별님들을 바라보며 우리는 외치노라,
우주개척의 꿈을 싣고 간다고.
러키 세븐 러키 세븐, 러키 러키 세븐 스타,
러키 세븐, 러키 세븐.

백두산 정상에서

백두산 정상에 올라
가슴을 펴고
우주를 바라보면서
호연지기를 호흡한다.

큰 봉우리로 붓을 삼고
천지天池를 벼루 물 삼아
저 푸른 하늘에
일필휘지一筆揮之하노라.

대한의 아들 딸
여기 있다고,
여기에 왔다고!

아 - 그대와 함께 하리
영원히, 영원히, 영원히

두만강 나루에 서서
가슴을 펴고
대야大野를 바라보면서
영웅의 뜻을 새겨본다.

역사의 한 자락을 잡고
그 옛 모습 찾아보며
우렁찬 외침을
소리 높여 전한다.

대한의 아들 딸
여기 있다고,
여기에 왔다고,

아 - 그대와 함께 하리
영원히, 영원히, 영원히

마니산

유서 깊은 강화도
마니산에 올라,

만경창파 바라보며
해천海天의 끝을 본다.

북녘으로 백두산
남녘으로 한라산
등거리에 자리한 이곳을 찾아왔노라.

단군성조檀君聖祖 하늘에
기원 올리던 곳,
대지大地의 기운
가장 높이 솟아오르는 곳.

아 - 거룩하신 님의 혼이 서리신 곳,
천년만년 빛내리라
홍익인간弘益人間 정신을.
홍익인간 그 정신을,
영원히 영원히 영원히.

백팔 계단 밟으며
참성단에 올라.

반만년의 발자취를
여기서 찾아본다.

동쪽으로 태평양
서쪽으로 대서양
양편날개 삼아서 큰 꿈을 펼쳐 가리라.

단군성조 하늘에
기원 올리던 곳,
대지의 기운
가장 높이 솟아오르는 곳,

아 - 거룩하신 님의 혼이 서리신 곳,
온 누리에 떨치리라
이화세계理化世界 정신을
이화세계 그 정신을,
영원히 영원히 영원히.

남산

남산에
숲이 우거져
그늘이 깊을 때
목멱산木覓山이라
부르며 찾아갔다오.

목멱산에
올라서 바라보면
굽이쳐 흐르는 한강이여
청룡의 몸짓하며
서해로 가는구나.

아침에는
안개 속을 헤쳐가고
저녁에는
붉은 노을 삼킨단다,

아 - 남산의 그 기상이여,
애국가의 상징이어라.

남산에
정기精氣 서리어
서운瑞雲이 감돌 때
인경산引慶山이라
부르며 찾아갔다오.

인경산에
올라서 바라보면
나란히 일어선 삼각산이
하늘을 떠받치는
기둥 되었네.

아침에는
해님 맞아 웃어주고
저녁에는
별님들과 속삭인다,

아 – 남산의 그 기상이여,
애국가의 상징이어라.

삼각산

흰 구름 모자삼아 쓰고
인사하는 삼각산,

백년이 가고 천년이 가도
바로 선 그 모습이
동방의
선비상像이라 자랑한다오.

눈보라 모질다 한들
어찌 흔들리랴,
춘하추동
바뀐다 한들
어찌 변하랴,

영웅호걸마다
삼각산의 기상 품고
이 땅 위에
큰 발자취 남겼노라.

보름 달 거울삼아 보며
미소 짓는 삼각산,

밤낮도 없이 세월을 잊고
홀로 선 그 모습이
이 땅의
수문장처럼 버텨준다오.

비바람이 거세다 한들
어찌 두려우랴
동서남북
어디에 간들
어찌 변하랴,

영웅호걸마다
삼각산의 기상 품고
이 땅 위에
큰 발자취 남겼노라.

바다

고동소리가
바다의
새 아침을 연다.

물결만이 출렁대는 수평선 너머로
마음의 눈을 뜬다
마음의 발길을 내딛는다.

파도소리에서
호국의
영웅을 떠올리며,
반도강산의 내일을 다짐한다.

갈매기는 알리라, 바다의 사연을,
바위섬은 기억하리라
자랑스런 그 옛님의 위용威容을.

아 -- 수평선 저 너머로
나는 달려가리라, 달려서 가리라.

사월 남풍이
하늘의
새 얼굴을 연다.

밀물 썰물 오고가는 해안선 거닐며
내일의 나를 본다.
내일의 꿈길을 열어간다.

파도소리에서
지난 날
애환을 떠올리며
반도강산의 역사를 되뇌인다.

갈매기는 알리라, 바다의 사연을.
바위섬은 기억하리라,
자랑스런 그 옛님의 위용을.

아 -- 지평선 저 너머로
나는 달려가리라, 달려서 가리라.

3월 26일의 충격

3월 26일,
날아온 소식
경악驚愕타 못해
마음이 굳어지고
바다의 심술心術을 탓해본다.

바다를 지키고자 밤낮 없이
젊음을 바친 해군장병들인데,
어찌 이럴 수가?
이럴 수 있으랴!

3월 26일,
되뇌인 기억,
안중군安重根 의사
순국殉國하시던 그 날.

님께서 다짐한 그 정신을
오늘에 이어가며 굳혔건만
천안함天安艦 피격침몰,
왠 말이던가?
어찌 이럴 수가?
이럴 수 있으랴!

3월 26일은
잊지 말아야,
그 날의 아픔
마음의 낙인烙印삼아
새기고 또 새겨 힘 모으세,

태극기太極旗 깃발 아래
함께 힘을 뭉쳐
겨레의
역사정통歷史正統
바로 세우자,
어찌 잊으리요?
잊을 수 있으랴!

태극기

태극기 가슴에 달고 달릴 때
하늘 바람, 땅 바람이 함께 스쳐간다.

가슴을 펴고 가슴을 펴고
한발 한발 내디딜 적마다
태극의 상징
코리아의 기상이 뜬다.

반만년의 전통을 호흡하며
건곤乾坤을 향하여
기염을 토한다.

나는 대한의 아들 딸,
태극의 전사戰士라고.

아 - 오늘을 뛰노라
그리고 내일을 날으리라,
내일을 날으리라.

태극기 두 손에 들고 흔들 때
나라 사랑, 겨레 사랑 함께 솟구친다.

마음을 열고, 마음을 열고
서로 서로 손잡고 나갈 때
태극의 상징,
코리아의 기상이 뜬다.

육대주六大洲의 산하를 달리면서
오대양五大洋 누비며
기염을 토한다.

나는 대한의 아들 딸,
태극의 전사戰士라고.

아 - 오늘을 뛰노라,
그리고 내일을 날으리라
내일을 날으리라.

한강의 침묵

흘러서 몇 백리며
구비쳐서 몇 천리던가,

구비칠적마다 들려오는 물소리,
그 물소리에서
우리는 역사의 숨결을 느낀다,
한강의 사연을 듣는다.

물새는 옛 새가 아니지만
그 새소리는
변함이 없다네.

크고 작은 뜻을 다짐했던 영웅호걸
간 데 없다지만,

한강이라는 그 두 글자의 이름은
만고상청萬古常淸의 강물이어라
생명의 한강이어라.

흘러서 몇 천세며
구비쳐서 몇 만세던가,

세월 따라가며 흘러가고 흐르며
그 세월 겪었네,
슬픔과 기쁨을 더불어 느끼고
흥망과 성쇠를 보았네.

사공沙工은 옛 사공 아니지만
그 나루터는
옛 이름 부른다.

여기 사연 묻고 떠나가신
명인명사名人名士 간 데 없다지만,

한강이라는 그 두 글자의 이름은
문화의 젖줄 강물이어라
역사의 한강이어라.

옹야 옹야雍也 雍也

나 홀로서
거닌다
산새 우는 오솔길.

자연을
속삭이는
뭇 새들의 천국天國을,

뉘 찾아 여기 왔느뇨
적막이 흐르네.

옹야 옹야 아느뇨,
새들의
그 마음을,

그대만 알고 사는
그 세상이 그리워,

그대가
즐겨 거니는
그 길만이 좋아라.

물새 나는
나루터
홀로 찾아 왔노라.

바다를
노래하는
바위섬, 여기저기에
던져진 듯 놓였네.

옹야 옹야
묻고파
저 섬 넘어 소식을,

물새만 알고 사는
그 세상엘 가고파,

물새가
즐겨 노니는
별천지가 보고파.

* 雍也는 공자의 제자이며 공자의 사위다. 그는 새소리를 알아듣고 戰況을 사전에 파악할 수 있었다고 한다.

고향 생각

고속버스에 몸을 싣고
갈 때면,
창 밖에 산과 들 전선주는
번개처럼
뒤로 달아나 살아진다.

고향 산하의 옛 모습
큰 것은 변함없건만
작은 것은 간 데 없네.

어릴 적 노니던 뒷동산도
가제잡이하던 개울도
간 데 없다.

다만
큰 산만 남아 있어
아련한
옛 기억을 더듬는다.

비포장도로 버스 타고
가던 때,
창 밖에 온갖 풍광 정다웠고
쉬어가던
곳곳 마을이 정겨웠다.

그러나 그 때 그 골목
모습조차 알 길 없고
느티나무만 늙었네.

물장구치면서 더위 잊던
둠벙자리 어디메뇨
흔적도 없다.

오직
옛님 비석만이
그 자리
지켜가고 있는도다.

시오리 길 달려서 가던
등교 길,
날마다
아침 발길 바빴다네.

넘어지며 잃은 동전
어찌할꼬?
연필 살 돈 날렸으니
숙제장 쓰지 못하고
애 태우던 그 기억들.

고향 땅 어디에
묻혀 있나?
종이에
사탕 싸서 주시던 고모님,

주말 되면
인절미를
만들어 주던 형수님,
그립네.

연자방아에
보리 찧던 어머님,
소 따라 돌며
찔감 손질 바빠서
뒤돌아볼 겨를 없이
일 하시던 어머님,

땀 방울이 맺혔어도
소맷자락으로 씻고 마는
그 고된 모습들,

모두가
어머님이라 하는
세 글자 속에
담기는
사연들이라네.

고향 산천 변해가도
기억 속
옛 모습 변함없어라.

차 한 잔

차 한 잔에
풍운風雲을 담아
자연을 마신다.

생노병사生老病死
온갖 시름
서로 잊고
정담情談을 나누노라면,

가을 하늘 기러기도
우리를 반기며
돌아온단다.

가을 내음 좋아라
차의 향기처럼,

차의 향기처럼
가을의 맛은 짙어만 간다.

차 한 잔에
세상을 담아
세월을 마신다.

춘하추동
고은 풍경
글로 지어
시문詩文을 즐기노라면.

울긋불긋 단풍잎도
춤추듯
내게로 다가온단다.

사는 재미 즐거워
차의 향연처럼,

차의 향연처럼
인생 드라마 즐기며 산다.

고향의 녹차

인생을
노래하면
인생이 즐거워,

즐거운 인생
즐기면서
살아가세.

산 넘어 물 건너
갈 길이 멀다지만
그 길이
나의 고향
가는 길이래요.

포근한 정에 겨워
잊지 못하고
그 옛날 추억 속에서
내 고향
녹차 맛을 다시 느낀다.

고향을
노래하면
고향이 정다워,

정다운 산천
알뜰살뜰
살아가세.

구름도 바람도
흘러서 간다지만
그 곳이
내가 살던
정든 고을일세.

따스한 정에 겨워
잊지 못하고
그 옛날 추억 속에서
내 고향 녹차 맛을
다시 느낀다.

3장 강촌(江村)의 바위

도랑물

작은 계곡에
맑은 물이
노래하며 흐른다.

어디로 흘러가는 물이기에
그 노래 소리,
끊일 줄 모른다네,

낮은 돌 틈새,
찾아 가며
구비 구비 흐른다.

쉴 줄도 모르면서
어디론가 한 가닥 되어
소리를 이어 간다.

산이 짜내는 양출수釀出水냐?
숲속에서 빠져나가 줄행랑치려는가!

앞도 없고 뒤도 없는데,
줄지어 잘도 간다.

강촌江村의 바위

마을 입구의
큰 바위는,
고장의 수호신이어라.

장마철에는
홍수의 수위를 짐작케 하고,

가뭄에는 한발旱魃의 정도를
귀띔 해주는 표석이 되어
우리들의 방심을 경고한다.

만고풍상 견디어가면서
이 고장 사람들에게
친근한 느낌을 주는
믿음의 상징이요,

애환을,
달래주는 터주석基主石이라네.

마을 한편의
느티나무,
고장의 근세사이어라.

오백년 동안
풍상에 시달려 애환을 겪고,

이 마을에 오가는 이들을
멀리서까지 손짓 하면서
맞아 주고 보내곤 하였다네.

여름이면,
두터운 그늘이
모두의 쉼 터 되어
정겨운 기억을 담는
포근한 품이어라.

세월을,
감싸주는 상장목上長木이로세.

* 강촌의 바위는 충북 보은군 산외면 길탕리에 소재한 마을 수호 돌비석임.

비 오는 뜰에서

비가 내린다.
보일까 말까하는
빗방울을 바라본다.

보이는 듯 안 보이는 듯하지만
모여서 구슬 되어
나무 잎 위를
굴러서 내린다네.

바람이 분다.
바람은 안 보이지만
나무 잎을 흔들어댄다.

손도 없이 나무를 부추겨가며
춤을 추게 하누나,
입도 없건만
노래도 부른다네.

비와 바람이
만나서 어울리면
비바람이 친다한다.

비바람을 음울陰鬱하다 하지 마오,
목이 마른 대지大地를
비바람 아니면
뉘가 적셔주랴.

나의 마음도
뜰처럼 열렸을까,
열렸다면 그 모습은?

경계 없는 마음세계 돌아보면
음지 양지 뒤섞여
햇빛을 골라
담기도 어려워라.

양羊

사람을 양에 빗대서
욕하는 이 어디 있느뇨,

양은 길상吉祥의 상징이라 그렇다오.

상자祥 의자義 선자羨 모두가,

양羊과 결합해서 탄생되었다네.

양은 무리群 짓되,
파당을 만들어
싸우는 일 없으니,

양 보고 배우라는 뜻에서
욕하지 못하는 것 아닌가 하노라.

사람을 칭찬할 때엔
양처럼 순하다고 말 않드뇨,

양은 행복의 근원이라 그렇다오.

선자善 미자美 양자養 모두가,

양羊과 어우러져 이루어졌다네.

양은 젓 빨 때면,
무릎을 꿇어서
어미 은혜 안다니,

양 보고 깨닫자는 뜻에서
욕하지 못하는 것 아닌가 하노라.

붓毛筆

짐승의 늦가을 털은,
예리하다.
추호秋毫의 유래가 여기서 왔다오.

호毫가 없는 붓은 붓 구실 못한다.

예리한 호를 지닌 호주毫柱가 모여서
붓이 되기 때문이다.

호주는 삼각원주三角圓柱 모양을 지니는데,
붓이 삼각주로 만들어지는
까닭이 여기에 있다네.

가냘픈 터럭 하나하나의
모임이지만,

철필鐵筆도
감당할 수 없는
강유剛柔 양면을 지닌다네.

모필이 숨긴 기능은,
현묘하여,
필묵筆墨의 자랑이 여기에 있다오.

마음 먹기 따라 글씨가 쓰인다.

큰 글씨 작은 글씨 뜻대로 휘두르며
붓을 즐길 수 있다오.

모필은 유연성이 있기에
한번 휘두르면 글씨가 되고
그림도 그려진다오.

동인東人의 심성을 반영하듯
부드러우며,

용처럼
능소능대能小能大하는
굴신기교屈伸技巧를 부린다네.

오만하려거든

오만하려거든,
국화를 먼저 보고
국화를 보았거든
그 향내를 먼저 맡아라.

서리바람에 잎이 나부끼고
헐벗은 듯 알몸으로
겨울을 맞는 것이 낙엽수落葉樹로세.

그러나
국화는,
가냘픈 몸이면서,

서리를 두려워 아니하고
꽃망울을 터트리니,

국화의 오기傲氣라면
누가 그를 나물하리요.

겸허하려거든,
오동梧桐을 먼저 보고
오동을 보았거든
그 수형樹形을 먼저 살펴라.

서리바람에 잎이 떨어질 때
가장 먼저 알몸 되어
설한풍 마다 않고 겨울을 맞네.

그러나
오동은,
미끈한 몸매면서,

오만을 부리지 아니하고
새 연륜年輪을 더해가니.

오동의 겸허謙虛라면
누가 그를 비굴타 하랴.

이정표里程標

어디론가 뻗어가는
도로에는,
이정표가 세워져 있다.

이정표는,
한마디 말도 없다마는
모든 이 위해 제구실을 다한다.

갈림길에서는,
누구나 머뭇거린다.
그러나
이정표는,
그들을 주저 없이 떠나보낸다.

전도前途에 대한 예측을 허락하고
방향에 대한 확신을 넣어준다.

이정표 있어,
앞길과 방향을 믿을 수 있기에
우리는 전진을 멈추지 않을 수 있다.

여로 끝에 가장 인상에 남는 것은
이정표가, 아닌가 하노라.

세월 따라 살아가는
우리에겐,
표준형標準型의 인물이 있다.

그 인물은,
가신지 이미 오래지만
모든 이 위해 가르침을 남겼다.

갈림길에서는,
누구나 머뭇거린다.
그러나
그 인물은,
우리의 나갈 길을 깨우쳐 준다.

미래에 대한 인생을 말해주고
사회에 대한 책임을 일러준다.

선각자 있어,
이상과 희망을 가꾸어 가기에
우리는 전진을 멈추지 않을 수 있다.

어디서나 다시 한번 상기할 것은
표준 인물상인가 하노라.

노인정

팔각정 자리한 곳에
노인들의 발길이 이어진다.
인사 말 주고받는 가운데
아들 딸 자랑도 튀어 나온다.

고향을 회상하며
지난 날 기억 속에 빠져들기도 한다.

그러나
한쪽에서는
장기 알 하나에 목을 맨다.
내기 장기에 판세를
빼앗기지 않으려 하기 때문이다.

해는, 어느 듯
서산으로 기울기 시작한다.

저녁 노을에 휩싸여
늙은 이 몸의 인생도
저물어가는 것이 아닌가 하여,

옆 친구의 얼굴로
시선을 굴린다.

괴목槐木이 자리한 곳에
마을 사람 오가며 모여든다.

아낙네 손에 쥔 접시엔
별식別食의 내음이 풍겨나온다.
할머니 할아버지
위로해 드리려고 장만한 먹거리들.

그러나
한쪽에서는
편지 한 장 들고 웃음 짓네.
손자 낳다는 소식에
그간의 외로움 날려 보낸다오.

마음에 그린
손자 모습, 홀로서 상상한다.

보름달처럼 빛나고
강아지처럼 귀엽고
웃음 짓는 모습이 꽃과도 같아,

천진天眞한 그 자태를
가슴에 새긴다.

한옥韓屋 예찬

검은 색 기와지붕에
햇살이 오래 머문다.

아궁에 불을 지피고
소두방을 깨끗이 행주 친다.

아랫목 따스한 곳엔
할머니의 낯빛이 즐겁고,

기둥에 걸린 주련柱聯에는
할아버지의 훈구訓句가 쓰여 있다.

하얀 석회石灰로 단장한 외벽外壁은
저 푸른 야산촌野山村에
잘 어울린다.
농촌의 한옥,
한 폭의 그림이어라.

누가 한옥을 일컬어
옛스럽다 하느뇨?
옛스러워서
감칠 맛 더욱 많아 좋다네.

태양의 기氣가
구름을 제치고 내려 쬐인다.

토석土石의 아궁이에서
섶薪이 타는 불기운이 솟아난다.

황토로 싸 바른 방엔
황토방의 효험이 넘친다.

기둥과 문틀 서까래엔
자연목自然木에서 풍기는 기氣가 돈다.

하얀 외벽은 응고력凝固力 지니는
오행五行 중 금金 이어라.

오행의 원리,
고루 갖춰진 하나의 작품이로세.

누가 한옥을 불편타
투정한단 말이뇨?
모르고 하는
투정은 어리석음이로세.

허수아비

누런 물결 출렁이는 가을 벌판,
구슬 땀 흘린
농부의,
마음이 춤추는 물결이로세,

허술한 누더기 옷에
밀짚모자 쓰고
외롭게 서 있는 허수아비,
논 복판에서 밤낮 가리지 않고
누구를 기다리느뇨,
누구를 지키려 함이뇨.

말 없는
허수아비에게 묻노라.

참새 떼,
몰려와서
벼이삭 바술까봐
허수아비,
네가 서 있다면.

네 머리 위에 앉는
참새는 누가 쫓을 건가.

산과 들을 물들인 가을 단풍,
차가운 서리
나무의,
옷 벗겨 겨울을 맞게 하누나.

외다리 몸통에
양 팔 뻗쳐 들고 서서
밤낮을 견디는 허수아비,
가을 벌판을 혼자서 지키려나
무엇을 살피려느뇨,
기러기 돌아오고 있네.

말 없는
허수아비 너는 아느뇨.

메뚜기
날뛰면서
벼이삭 사이사이
그네 뛰며
푸드득거린다.

메뚜기 떼 등쌀에
너의 잠 깰까 두렵구나.

부엉이

강촌에,
어둠이 내려앉을 때
부엉이 우는 소리 은은히 들려온다.

마치 강촌의 밤 분위기를,
연주하듯이
부엉이 소리는
첼로의 음으로 들린다.

부흥富興새라 애칭하는
강촌 사람들의 기억을 더듬어 들어가면,

언제인지 모를 옛적부터
부엉이는,
강촌 사람들의
야우夜友로 정든 지가 오래로다.

부엉이 울면서,
부흥富興의 꿈을 안겨주고.
부엉이 날으면서,
부흥富興의 의기를 북돋는다.

그래서 부엉이는,
마을 사람들과 더불어 살아간다.

마을의,
서북西北을 에워싼 절벽,
강물이 어우러져 한 폭의 명화로세.

마치 선경仙境의 아름다움을,
연출하듯이.
한 쌍의 황새는
청강을 날으며 오가네.

부엉이가 밤에 울고
낮엔 황새 날아, 선경仙境을 묘사해 주는구나.

병풍같은 절벽, 물에 비쳐
그 영상이
역영逆影 이루누나,
수궁水宮의 영사실이 여기로다.

부엉이 깃든 곳,
절벽 높아서 안전하고
석굴石窟로 되었으니
외침의 우환은 거의 없다.

그래서 부엉이는,
마을 사람들의 영원한 동반자로세.

청계천

서울 한 복판을 관류貫流하는 개울,
그 이름 청계천이라 일컫네.

맑은 물이 흘러서 청계淸溪이었나
흐르는 물이 맑아서 청계이었나?

맑은 물의 청계는,
자연천自然川이요.

흐름이 맑은 청계는,
인간천人間川이다.

서울의 모습이 변하면서,

맑은 물의 청계는 이름만 남고,
맑음을 잃은 청계는 복개되었네.

탁류濁流와 오류汚流가 만나서,

수질공해水質公害를 낳았으니
그 뉘의 탓이라 하리요.

넓은 서울 벌을 흘러가는 개울,
고금의 애환을 안고 흐른다.

도시 미관 살리려 고가로高架路 뜯고
환경의 풍토 살리려 복개覆蓋 거뒀네,

인왕산의 물줄기,
메말라 붙고.

삼각산 암극수원岩隙水源은,
어디 갔나?

목마른 서울을 목축이려,

한강물을 퍼올려 청계 살리고,
물을 흘려서 개울의 미관을 가꿨네,

청계와 사흔史痕이 어울려,

서울 풍광이 덧보이고
시민의 새 쉼터 되었네.

원두막

태양이 작렬하는 여름철,
부채로
달랠 수 없는 더위가
가슴 속까지 파고든다.

담벽 아래 암탉도,
날갯죽지를 편 채
입을 벌리고 목덜미를 떤다.

뜰 아래 강아지도,
그늘 찾아 누운 채
움직이려 들지 않누나.

모시 중의 적삼 차림의 할아버지,
손자 데리고
원두막으로 나선다.

사다리 가냘프게 걸쳐진
원두막
올라갈 때면, 천지가
흔들리듯 출렁한다.

멍석자리 깔리고
천장 낮은 그 곳엔
목침 몇 개가 흩어져 있구나.

바람 끼氣 다가온다,
부채 접고 누우면
겨드랑이 아래 스며든,

시원한 느낌이 졸음을 재촉한다.
이게 원두막
여름 풍류가 아니랴.

옷이 날개로세

새처럼 아름다운 체모體貌를
자랑하는 짐승이 또 있으랴.

날개를 펴면 펴서 아름답고
날개를 접으면 접어서 아름답다.

새에게,
그토록 좋은 옷을 입힌
신의 의도는 무엇일까?

새는 날기 때문에
모든 생류生類의 관망정서를,
아름답게 느끼게 함이런가?

아니면, 하늘을 날기 때문에
천사天使의 소명召命을 지녀서인가?

자웅 동색同色의 새도 있다.
그러나 수컷을 더 치장한 것은
여필종부女必從夫의 뜻이런가?

새를 바라보노라,
신의 다양한,
그 창조의 현묘함이여!

음양의 원리가 선명하다.
이것이 섭리攝理라면,
누가 감히 자연의 현상을
거슬리랴?

세상 만물이,
스스로 존재하기 위한
법칙을 지녔거늘,

우주宇宙 논리 앞에,
우리는
다시 옷깃을 여민다.

사람을 지혜로운 영물로
창조한, 신의 뜻은 무얼까?

말과 글 쓰게 해서 은혜롭고
먹거리 만들게 해줘서 신기하다.

입거리,
의상을 만들게끔, 재능
주어 더 없이 고마워라.

옷을 날개라 이른다.
모든 의상을, 사람 따라서
맞춰 입고 가려서 입게 했다.

그리고 옷깃을 여밀 줄 아는
방법을 깨닫게 인도하였다.

남성 옷깃은 우右를 먼저,
여성의 옷깃은 좌左를 먼저,
서로 여미게 함은 놀라워라.

새가 날개 접을 때
그와 같거늘,
그래서 옷이 날개로세.

질서의 묘미가 여기 있다.
문화가 존재하는
그 원리가 여기서, 더 한층
밝아진다.

옷이 날개로
활개를 치기 위해서는
화려한 의상만큼,

혼魂의 힘 담아야,
마음의
날개, 펼칠 수 있으리.

상강湘江의 시혼詩魂

달을 보며 시를 읊고
시를 읊으며 술잔을 기우린다.

이것이
이백李白의 풍류로세.

초승달은 이백의 시상詩想을 자극하고
보름달은 이백의 주흥酒興을 북돋는다.

홀로 앉아서도,
세 친구의 벗과
대작한다고 독백獨白하곤 했다.

달이 벗이요,
내 그림자가 벗이니,
외로운 시주詩酒의 자리는 없다네,

두주斗酒라야,
자연과 통한다니…

그래서 종일음주삼천배終日飮酒三千盃라 했던가.

이것이 이백의 기상이로세,

이백 눈엔 달도 많다.
위에 있으면 하늘의 명월이요,

물속에,
있으면 수월水月이다.

달을 따라 노니던 이백이었기에,
밝은 달은 이백의 유흥장이었네.

상강湘江 맑은 물에
잠겨있는 반달,
건질상 싶어 들어갔건만.

돌아 못 오는
귀천객歸天客이 되었으니
이백의 시혼詩魂은 상강湘江에 잠겼도다.

달아 달아 이태백 놀던 달아...

어째서 상괘청천하척강上掛靑天下擲江이었던가

이것이 이백의 미허迷虛 였다네.

* 湘江은 唐代 詩人 이태백(701-762)이 노니던 호남성에 있는 瀟湘江임.

불혹不惑의 새마을운동

40년의 발자취 누가 알랴
새마을운동 묵묵히 버텨왔네,
우리도 한번 잘 살아보자는
소박한 그 외침이 메아리쳐 가더니,
전국 방방곡곡에
새마을 노래, 울려 퍼져 새벽잠을 깨웠노라.

작은 일부터 시작하여 스스로 이룩한 보람을 나누며
한발 한발 내 디뎌간 것이
새마을운동의 역사요, 국제화요,
자강불식自强不息의 문화이어라.

왜 가난하게 살아야 했나?
스스로 의문을 지니면서 자신을 믿고 뜻을 세우고
땀의 보람 귀히 여기는 가운데,

의문이 풀리고, 새로운 느낌을, 공감할 수 있었으니
이것이 새마을운동의 생기生氣 이었노라

생기로 이어지는 새마을운동!
휴식은 있을지언정, 포기는 없다.
희망을 가꾸어 갈지언정, 절망은 없노라.

일제치하 36년은 지루했다
살길 찾자니 미로迷路만 있었을 뿐,
우리의 뜻 펴볼 겨를 없었네,
숨 막힌 그 시절을 누가 짐작하리요.

전국 방방곡곡에
일장기日章旗 물결, 흩어져야 살아남을 때였노라.

그 때 그 시절 괴로웠네 참아도 참아도 절박감 컸다오,
그러나 견디고 견딘 것이
인내와 각오로 다져져
새마을의, 원인자遠因子로 잠육潛育 되었다네.

왜 우리에겐 절망뿐이랴?
스스로 깨우친 그 마음이 촛불 되어 산하로 번지니
산이 푸릇푸릇 물도 맑아졌네.

보람이 커 가고, 자신自信이 커 가며 금수강산 새로워져.
그것이 새마을운동의 혼기魂氣 이었노라

혼기로 생동하는 새마을운동!
전진은 있을지언정, 멈춤은 없다.
의욕을 북돋아갈지언정, 체념은 없노라.

많은 나라 사람들 한국 찾아
새마을운동 배우려 오가누나.
아련한 기억도 아닌 그 때의
한국이, 전란戰亂 흔적 말끔히 씻어내고,
전국 방방곡곡에
새마을 깃발, 휘날리며 내일 위해 전진한다.

근면하자는 깨우침이,
자조의 의지를 불태운 노력이,
협동해야 산다는 공감이,
새마을운동의 불씨요.
미래 향해 고동치는 강심장强心臟 이어라.

왜 우리에겐 희망이 있나?
희망엔 국경이 없어서다.
새마을 통해 키운 희망이
꿈의 날개 되어 날아오른다오.

모두가 어울려 글로벌 시대를 열어갈 길을 텄으니
그것이 새마을운동의 매력魅力이라네.

매력을 더해 주는 새마을운동!
감동은 있을지언정, 좌절은 없다.
전진은 있을지언정, 후퇴는 없노라.

20여 개 나라의 사람들이
새마을운동 펼치려 나섰다오.
자국의 문화정서 어울리게
한국의 새마을모델 본 따서 펼친다오.

전국 방방곡곡에
새마을 물결, 일으키려 앞장서서 뛰고 있다.

잘 살아보자 그 외침이
산 넘어 바다를 건너 울려가네.
이심전심 동감의 호응력呼應力,
새마을운동의 사자使者요.
새 삶의 길로 달려가는 견인차牽引車로세.

왜 머뭇거릴 수 없는 건가?
변화의 물결이 고동치는데, 변화의 물결 조절 못하면
스스로 낙오자가 될 뿐이라오

낙오의 굴레에서 벗어날 가능성, 스스로 찾아 가노라.
그것이 새마을 일꾼의 기상이로세.

기상을 떨쳐주는 새마을운동!
국적은 다를지언정, 뜻은 같다오.
심신心身을 바칠지언정, 후회는 없노라.

갈등葛藤

칡넝쿨은 어찌하여
오른 쪽으로
돌면서 뻗어가며,

등넝쿨은 어찌하여
왼 쪽으로
돌면서 뻗어 가는가?

음양陰陽의 차이 때문이라면
서로 좋게 만나서
뻗어갈 수는 없는 것일까?

회전방향이 서로 달라서
만나면 얽히고,
얽히면 공멸共滅하는,
비운의 길을 가야하니 안타까워.

갈등葛藤은 초목의 존재이지만
갈등의 현상은 괴로움의 연속이라네.

칡이든 등이든 다 좋은데
어찌할 수 없는 천성天性이 야속코나.

칡뿌리는 단 맛 있고
온기溫氣 있으며
독성이 별로 없다.

등뿌리는 몹시 쓰며
독이 있고
냉기冷氣가 들어 있다네.

그래서 칡은 식용초食用草이나
등藤은 정원 일우一隅에 심겨지지만
금식초禁食草일세,

세상살이가 어수선하면
이해를 따지고
입장을 달리하는
불화의 반목 지니는 이 많아진다.

좌우로 편 갈라 맞서다 보면
물독水甕은 깨지고 물은 흘러 증발한다오,

싸우다 물독을 깬 다음엔
칡도 등도 고사枯死 면하기 어려워라.

책갈피 속의 메모

비어 있는 마음을
무엇으로 채울 것인가?
마음의 양식이 아니면, 그 빈 마음을,
채울 수 없다.

어느 스승이 주신 말이다.

책장에서 옛 책을 꺼내 본다.
언제인지는 몰라도
책갈피 속에,
노랑 은행잎이 숨겨진 듯 끼어 있다.

무엇인가 전해 줄
메시지를 품고 있었다.

요수樂樹라 쓰여 있었다.
나무를 즐기라는 뜻이다.

기억을 더듬어 올라간다.
수유칠덕樹有七德을 음미하다가

메모해 둔 것임을,
아련한 기억 속에서 찾아냈다.

요수樂樹라는 말 한마디,
무슨 뜻을 담고 있는가?
나무가 지니는 칠덕七德을,
생각해 보자는 것이로세.

뿌리가 있고 줄기가 있다,
가지와 잎, 꽃과 열매도 있다.

그리고 그늘이 있다.

나무 높이만큼 뿌리가 뻗고,
그늘도 이루어진다.

나무 없는 자연을 누가 아름답다 하리요.
마음이 비어 있는 이를,
그 누가 즐겨 사귀자 할까?

책갈피 열면서 찾은 메모,
온고지신溫故知新의 교훈 주누나.

옛 생각 일깨우며
요수樂樹란 낱말을
다시 생각하노라.

스승의 날

5월 15일은 스승의 날,
스승의 은혜를 생각하며
가르침을 되새겨본다.

스승의 가르침은,
학교를 떠난 뒤에
더욱 값지게 느껴진다.

배움의 바다에서 진리를 낚기 위해
교정에서 생활할 때엔
기억을 챙길 겨를도 없었고
배운 것을 반추反芻할 여유도 없었는데.

일찍이 스승의 곁을 떠나
멀리서 바라보게 될수록
우러러보던 시절의 스승상이
더욱 존경스럽게 떠오른다.

인생을 고민하던 갈림길에서
그 방향을 찾아주신,
스승의 진심어린 그 한마디,
인생설계의 골간骨幹 되었네.

해마다 그 날이 돌아오면
스승의 모습을 떠올리며
마음으로 대화를 한다.

스승이 주신 말씀,
홀로서 되뇌이고
다시 그 뜻을 음미해보면.
교과서 들춰 봐도 스승의 그런 말씀
찾아내기 어려울진데,

그것은 맞춤형 말씀이었네,
나에게만 알맞은 가르침이었네.

그러나 그 시절 그 말씀을,
아득한 옛날 이야기 인양
잊고 지냈던 자신이 부끄러워,
고개 숙여 말없이 침묵한다.

스승의 날이 되면 잠에서 깬 듯,
지난날을 상기한다.
스승의 성의 어린 그 가르침,
영원불망의 좌우명이어라.

선비집의 세 가지 소리 士家三聲

선비는 고금을 통하여
존경의 대상이요.

존경받는 선비는 지적知的이고
아울러 이성적이며 도덕적이다.

가장 큰 도덕을 현창해가려면,
집안에서 세 가지 소리가
끊기지 아니하고 이어가야 하느니.

첫째로 이어갈 소리는,
글 읽는 소리라오.

사람답게 자녀를 키우려면
자신을 깨우쳐 가는 길을 열어야하고.

배워서 얻은 힘, 무엇에 견주랴,
어디서나 당당한 자세로
떳떳이 처신하는 인물 돼야하느니라.

둘째로 이어갈 소리는
명 잣는 소리라오.

집안 살림 스스로 꾸려가고
자활력自活力 다져가는 긍지를 지녀야하고,

견물생심見物生心 하는 약한 사람 되면
그는 이미 선비가 아니니,
분수에 맞춰 사는 선비 돼야 하느니라.

셋째로 이어갈 소리는
아기 우는 소리라오.

효제충신孝悌忠信 밝혀 갈 그 터전은
아들 딸 잘 키워가는 가정이로세.

무자절소無子絶孫하면 그 죄 어찌하랴?
좋은 국민, 굳센 나라 힘은
아기들 울음소리, 거기서 움트니라.

제2부 시조시

1장 매란국죽

매란국죽梅蘭菊竹

매화梅

소한小寒을 생일生日 삼아 꽃망울 터트리고,
화신풍花信風 앞장서서 봄소식 이끈다네.
눈雪인들 어찌 꺼리랴, 꽃 웃음을 전한다.

난초蘭

그윽한 곳에서도 보는 이 있든 없든,
스스로 난향蘭香임을 미풍微風과 속삭이니
군자君子의 은연한 기상, 난蘭의 천성天性이어라.

국화菊

서리를 이슬처럼 머금고 피어난다.
국화는 가을 마음, 너무도 잘 알기에.
국향을 짙게 뿜어내, 청절인淸節人을 달랜다.

대나무竹

송백松柏을 동지同志 삼아, 사계절 푸름 띠고.
속마음 비워가며, 의절義節을 간직하니
대나무, 꺾이지 않는, 나무 중의 대자大者라.

대추나무

온몸에 가시 돋아 그 위용 두려워라.
그러나 까치들은 도리어 즐겨찾네.
울 안의 나무들이라 정 느껴 그러나 봐.

대추 빛 붉어지며 추석절 다가오면
큰 알을 골라 따서 제상에 올리려고
손자와 소근거리는 그 모습 포근하다.

동지冬至날 연 날려서 액운을 떼려는 데,
연 걸린 대추나무 손자를 울리누나
장대를 들고 나서는 할아버지 정겨워.

단단한 대추나무 마도로스 만들면
천연색 붉으스레 그 품격 덧보인다.
불행히 벼락 맞으면 벽조목이 된다네.

죽어서 몸을 바꿔 벽조목 되고나면.
몸통과 가지들도 희귀목稀貴木 귀품貴品되네,
이러한 전화위복轉禍爲福의 나무가 또 있으랴.

군밤

차가운 바람소리 문풍지 울리면서,
사랑방 구석구석 세차게 스며드니
화로 불 식어져갈까 부삽만을 들춘다.

화로가 둘러앉은 아이들 손에 손에,
쥐어진 알 밤톨은 차례를 기다리고,
군밤이 익기도 전에 안달부터 하누나.

겨울밤 군밤 맛을 어디에 비유하랴
구수한 맛에 취해 입가에 검정 묻고
펑하는 군밤 폭음도 웃어가며 즐긴다.

은행나무

노랑 빛 풍만하고 타고난 수형樹形 좋아,
나무 중 멋이 있어 미스 더 월드라네.
가지가 쭉쭉 뻗어서 굴절 없어 멋져라.

은행 잎 곱게 생겨 내 마음 뺏는 구나
이 잎은 삼능三稜이고 저 잎은 이능二稜이라,
나무의 자웅雌雄 분별은 은행뿐이 아닐까.

삼능은 은행신랑, 이능은 은행신부.
서로가 마주보며 열매를 맺는 도다.
자웅 간 금실 좋아서 은빛 알을 낳누나.

용龍有九似

용 그림 볼 적마다 상상력 북돋는다.
여의주如意珠 어디 있나 그것이 보고파져.
누군가 본 이 있어서 그림 그려 뒀을 터.

용의 몸 날개 없이 구름 위 날아들고
단비를 고루 뿌려 해갈을 풀어준다,
용왕龍王을 부르짖음이 이래서가 아니랴.

춘분春分이 돌아오면, 하늘에 날아올라
여름내 구름처럼 그 모습 변해가며
현묘玄妙한 조화력으로 우순풍조雨順風調 이룬다.

추분秋分이 다가오면, 못淵으로 하강下降하여
다음 해 맞기 위한 새 힘을 기른다오.
이것이 잠룡潛龍이라네, 꾸어보세 용꿈을.

사령四靈 중 인충지장鱗蟲之長 그것이 용이라오
비늘 결 아홉이라 곱해서 여든 하나
이것이 양陽의 극수極數며 용의 상징이어라.

용꿈이 길하다니 저마다 꾸랴는데
아느뇨 용유구사龍有九似 용만의 특징임을,
용꿈엔 아홉 가지가 다 포함돼 좋다네.

사슴 뿔, 낙타 머리, 토끼 눈, 소 귀에다,
뱀의 목, 잉어 비늘, 매 발톱, 조개무늬,
범의 발, 두루 갖춰서 신령함이 뛰어나.

누군들 보았으랴 그래도 보았듯이,
친근감 지니면서 꿈에서 그린다오,
꿈 위해 꿈을 키우며 내일 향해 달리세.

잉어

은빛을 반짝이며 물 위로 뛰어나면,
호수의 수면水面물결 홀연忽然히 출렁인다.
잉어의 물장구치는 힘의 위세 놀랍네.

단오절端午節 놀이마당 한바탕 펼쳐질 때
잉어의 도약상跳躍像을 그려서 알려준다,
이것이 어린이 위한 기氣 돋움의 뜻일세.

잉어의 비늘 결이 육六 곱해서 삼십 육.
음수陰數의 극極이라서 수중어왕水中魚王 되었네.
그래서 하늘에는 용龍, 물에선 잉어로세.

참새

참새는 몸이 작아 붙여진 이름인가.
참새는 진짜라서 불리는 이름인가.
그러면 참새가 아닌 가짜 새는 무언가?

떼 지어 다니기에 이르는 말이던가,
떼 지어 다니면서 뭉치는 힘도 있나.
뭉치는 지혜 없다면 무엇 일러 참샌가?

제비는 집도 짓고 새끼도 키우는데.
참새는 어찌하여 지붕 밑 파고드나.
제 집도 짓지 못하며 참새라니 안 믿겨.

제비

제비가 돌아오는 삼짇 날 기다린다.
제비는 강남소식 가지고 온다니까
따스한 그 곳 세상을 그리는 이 많아라.

어려운 세상살이 누구를 탓 하리오.
흥부는 굶주려도 본심을 안 잃었고.
놀부는 넉넉했지만 굶주린 듯 허덕여.

제비는 높이 날아 천녀天女라 일컫는다.
제비는 물 찬다고 유파遊波라 부르기도.
천녀天女가 천은天恩 전하는 그 사연이 좋아라.

박 씨앗 물어다 준 보은報恩의 인과응보因果應報.
뉘라서 부정하랴 그것이 춘추春秋인걸.
괴로운 마음 지옥도, 깨달으면 천국 돼...

학鶴

소나무 정자 삼아 고요히 앉아 있는,
한 쌍의 백학 모습 볼수록 우아하다.
그 누가 학을 일러서 신선 같다 했던가.

밤이면 날은다고 예로부터 전해온다.
오를 땐 수컷 먼저, 내릴 때는 암컷 먼저,
날면서 명성鳴聲 낸다니 깊은 사연 있느뇨.

남 몰래 다녀온 곳 어딘가 묻고 싶다.
선경仙境은 어떠하며 비경秘境은 어떻든가?
한 번도 대답 없었던 너의 귀띔 듣고파.

개미蟻

개미의 역사役事 현장 장관壯觀 중 장관이다.
가냘픈 그 몸매로 물체를 다루는 힘.
체중의 사십 배 되는 먹이감을 옮긴다.

대륙의 야생 곰이 개미 집 탐을 낸다.
굴 앞에 지켜 앉아 개미를 탄식呑食한다.
그래서 북극北極 곰보다 거센 힘을 지닌다.

개미의 행군대열 어딘가 멀리 간다.
수분水分이 있는 곳을 찾아서 이사한다.
개미집 밑변을 파면 물이 난다, 놀랍다.

개미의 생활기강 엄하고 의義로워라.
죽을 땐 예외 없이 오른 쪽 향해 누워.
의蟻의 뜻 되새겨 보며 개미 예찬禮讚 하고파.

반포오反哺烏 : 慈烏

봄철이 가려는데 까마귀 어찌하여,
밤늦게 너 혼자만 구슬피 우지지나.
어미의 그 깊은 은정恩情, 갚고자 함이더냐.

어미는 새끼 낳아 두 달 간 키워주고,
새끼도 자라나서 두 달 간 반포反哺한다.
그래서 자오慈烏 이름 띤, 까마귀 장하다네.

예로부터 나라님이 효도상 주실 때는
정문旌門도 세워주고 가문家門도 빛내준다.
그리고 까마귀 그림 상품으로 내렸다.

까마귀 가리켜서 날짐승 운운하나
어미와 새끼 간에 깊은 정 잊지 못해
밤새워 우지지면서 효애孝愛의 정 나눈다.

사람을 가리켜서 만물의 영장靈長이라
스스로 말하지만, 잊은 것 있나 없나?
돌이켜 생각하면서 자오慈烏 예찬 하노라.

벌蜂

벌들이 날아들면 꽃들이 좋아한다.
첨부터 웃음 띤 꽃, 더 웃을 여지 없네.
그러나 열매 맺고자 벌의 역사役事 반긴다.

벌 허리 가늘다네 그래서 봉요蜂腰란다.
그러나 침針을 지녀 충성을 다짐하며
침략자 만나게 되면 일격필사一擊必死 몸 바쳐.

시객詩客들 벌이 좋아 시재詩材로 자주 쓴다.
그러나 봉요蜂腰 걸린 시구詩句는 통용 안 돼.
봉요蜂腰란 벌의 체모體貌가 풍류객을 깨우쳐.

뻐꾸기 사연

뻐꾸기 우지지며 곡우穀雨를 귀띔하네.
그 설움 들으면서 씨 뿌릴 채비한다.
뻐꾸기 신통하여라, 포곡布穀하라 알리니.

뻐꾸기 왜 그리도 애절히 우지짖나,
농사를 망칠까 봐 걱정이 돼서인가?
아니면 딱한 사연이 따로 있어 그러나?

새 울음 따라 우는, 누군가 말을 한다.
내 아내 내 자식들 다 죽어 어쩔 건가.
애통한 마음 달랠 길 찾지 못해 운다고!

전생의 슬픈 사연, 새 되어 읍소泣訴하면
그 또한 두견새와 사연이 같다마는
새 됨은, 신선 됨이니 애처로워 말아라.

강화도

강화에 묻힌 애환 뉘라서 알랴마는
말 없는 산하만은 미풍微風과 속삭인다,
그 이름 화사한 도국島國, 왜서인지 정겨워.

궁궐이 좋다지만 익혀진 곳 아니라
들녘서 노니던 꿈, 가슴 속 파고드네.
뉘라서 홀로 헤메는 강화도령 알리요.

마니산摩尼山 참성단塹城壇 올라서 바라보면
백두산 한라산이 등거리等距離 유지한다,
이것이 성조聖祖 단군의 장목長目인가 하노라.

강화도 왕골자리 천제天祭 때 쓰이었고
인삼은 효능 좋아 임금께 올려졌네,
누런 소, 티 하나 없어 신성한 희犧였다네.

국난을 당했을 때 몽진지蒙塵地 여기었고
피화禍의 별경別京 또한 강화도 여기였네,
역사의 영적影跡, 얼룩진 이곳 어찌 잊으랴.

산 봉우리

산마다 산맥 있고 주봉主峰이 따로 있다.
주봉은 장수처럼 제자리 지켜가네.
산 모양 살펴보면서 그 호기豪氣를 즐긴다.

산 탈 때 주봉 찾아 등산객 모여들고.
기염氣焰도 주봉 올라 비로소 터트린다.
주봉은 중봉衆峰의 좌장座長, 의젓하고 당당해.

소나무 푸르름을 옷으로 차려 입고.
바람이 날라 주는 구름을 모자 삼아.
하늘을 떠받고 서서 만고풍상萬古風霜 견딘다.

반 달

반달은 얄미워라 미인의 눈썹처럼.
반달은 매섭구나 독수리 발톱처럼.
그러나 믿음이 간다, 궁사弓師들의 활처럼.

비운 곳 채우고자 오동통 둥글어져.
달 보고 속삭이며 마음 빈 곳 채운다.
누군가 말하였듯이 반달은 희망일세.

조각배 물결 타듯, 구름을 누비누나.
홀로서 달리지만 외로워하지 않아,
이 세상 어디에서나 반기는 이 많아서라.

비행기

비행기 높이 날 때 내 몸도 높이 난다.
하늘서 살아가는 선녀가 있다지만,
구름 위 길게 누비는 승객이 선녀로세.

구름 위 날아가는 기상機上에 마주 앉아
미소를 주고받는 그 모습 정답구나.
이것이 신선의 놀음 아니더냐 묻고파.

오대양 육대주를 편안히 오고가며,
내 풍속 내 생활을 즐기며 날아가니,
문명의 생몽生夢이어라, 문화인의 삶이라.

포구浦口

포구의 첫 손님은 갈매기 형제로세,
날으며 모여들고 모여서 무리 지어,
멋대로 떠드는 듯한 그 소리가 정겹다.

산에서 뜨는 해는 육지의 태양이요
바다서 뜨는 해는 물새의 태양이라,
태양이 튀어오를 때 갈매기도 날은다.

발꿈치 뒤에서는 대지大地가 굳혀 있고
발가락 끝에서는 대양大洋이 출렁인다.
포구의 참모습이란 이런 것이 아닐까.

가는 님 보내고자 포구에 서 있는 님,
두 님은 파도소리 너머로 님 부른다,
갈매기 끼어들으니 님의 소리 더 커져.

열차는 빠르기에 이별도 짧다지만,
선창서 손 흔드는 님 모습 아련하다.
그래서 포구의 이별 애간장을 태우네.

안개

안개 낀 고갯길을 새벽에 걷노라면,
산들의 높낮이가 안개에 묻히누나.
산체山體가 미궁迷宮이 되어 온 풍경을 숨긴다.

새들의 울음소리, 벌레의 우지짐도
이슬에 젖어들어 무겁게 들리누나,
공곡空谷의 산울림까지 탁음처럼 변한다.

미로迷路의 안개 길을 헤치고 올라서니
햇살이 퍼지면서 안개는 사라지고
봉우리 얼굴 내밀며 아침 인사 하누나.

각하脚下의 계곡으로 안개가 내려앉고,
높낮이 자랑하는 산머리 내밀면서,
한 폭의 동양화 되어 내 발길을 잡는다.

옛날의 공초公超라는 도술가道術家 은둔하려,
입산 길 택했으나 문도門徒들 따라 붙네,
도술로 안개 뿜어서 오리무五里霧에 숨었다.

도롱용 뿜어내는 안개가 아니더냐
공초公超가 도술로 뿜어낸 안개였나,
안개의 미궁 뒤에선 그림 감상 멋져라.

* 後漢書에 나오는 기록에 의하면 公超는 門徒들을 따돌리기 위하여 道術로서 五里霧를 만들고 그 틈을 타서 은둔의 길을 떠날 수 있었다고 한다.

신호등

자동차, 물결처럼 흐르고 또 흐른다.
오가며 채류替流하는 철상鐵箱의 흐름이여,
이것이 힘의 상징인 경쟁력의 낯面이로세.

신호등 쉴 새 없이 푸른 불, 빨간 불로,
그리고 노랑 불로 차 행렬 조절한다,
우리의 생활 맥락이 신호 따라 뛰노라.

여보소 벗님네야, 마음의 신호등을,
한시도 어김없이 명멸明滅을 바로 하세.
신호를 어길 적마다 아픈 마음 못 견뎌.

청신호 맹종말라 유혹의 신호로세,
적신호 원망말라 견제의 신호로다,
황신호 숙고하여라, 근신하란 신호다.

유혹의 신호 앞에 발길을 못 돌리고,
견제의 신호 앞에 충동감 못 누르면,
방종의 거친 물결을 누가 능히 누르랴?

Y자의 갈림 길에 나 홀로 서 있을 때
기로의 어느 쪽으로 발길을 내밀건가,
좌우를 바꿔 나설 때 인생 역려逆旅 싹 튼다.

2장 시(詩)와 숲길

시詩와 숲길

오월을 화장한 듯 풀 풋내 풍기는데.
꽃송이 주렁주렁 풍성한 아카시아
벌 소리 들릴 듯 말 듯 연주곡을 울린다.

육필肉筆의 시비詩碑들이 저마다 자리 잡고
오는 님 가는 님께 말없이 귀띔 한다.
나의 시詩 여기 있노라 그냥 갈 것이냐고?

돌인가 바위인가 모두가 오석烏石일세,
교실의 혹판인 듯 글마다 명문名文이요
석상石像도 석고石膏로 빚은 것처럼 정교하다.

여기엔 이의 글이, 저기엔 그의 글이,
모두가 어우러져 큰 숲을 이루었다,
찾는 이 서로 흐뭇해 놀란 표정 짓누나.

시詩 있고 숲길 있어 정겨운 동산인데
항일抗日의 민족시인 그 얼이 서려 있다,
청산에 시혼詩魂 깃드니 문화동산 되었네.

시詩 없는 곳이 없고 시 없는 때도 없다
그러나 잠든 시를 깨우는 이 적어라,
시혼詩魂이 살지 않으면 민혼民魂 누가 살리랴,

시 쓰인 시비詩碑마다 시혼詩魂이 깃들도다.
시혼이 어우러져 시건곤詩乾坤 이뤘다오
시 숲길, 민족의 정기精氣 발양發揚하는 터 되리.

(한국현대문학100주년기념탑)

경포대(율곡선생을 생각한다)

저녁 때 붉은 노을 세상을 뒤덮지만,
경포대 스쳐가는 풍광은 명화名畵로다,
자연이 자연과 만나 새 경치를 만드네.

신동이 누구던가 세상을 놀래켰던
그이가 율곡栗谷이요, 사임당 자녀로세,
뛰어난 글재주 보여 후세인을 깨우쳐.

팔세의 시동詩童이요, 팔세의 노객老客인 양
풍월로 그려냈던 그 때의 오언사률五言四律
뉘라서 그런 시상詩想을 펼쳐낼 수 있으랴.

경포의 수면 물결 만리풍萬里風을 머금고,
경포대 동녘산은 둥근 달 토해내는
그 풍경, 팔세 시인을 비켜가지 못 했네.

변방의 산 너머로 떠나는 기러기도,
구름 새 오가면서 자취를 숨겼지만,
마지막 가는 소리도 팔세동에 잡혔네.

* 李栗谷(珥: 1536–1584)은 秀才로서 九度壯元公으로 유명하며, 더욱이 壬辰倭亂 十年前에 十萬養兵論의 제안자로도 유명하다. 이율곡의 八歲詩: 前略, 山吐孤輪月, 江含萬里風, 塞鴻何處去, 聲斷暮雲中.

청음淸陰과 낙관落款(청음선생을 생각한다)

김상헌金尙憲 청음선생, 병난丙亂 때 의인이여,
척화론斥和論 내세우며 호적胡敵에 맞서셨네,
그 인품, 청사는 잊지 않고 있노라.

청淸나라 낯선 땅에 외로이 끌려가서
갖가지 회유에도 의연히 버티셨고,
타관 땅 외로운 시름, 구름 편에 날렸네.

호국의 결연 의지 산하에 맹서하고,
님 향한 일편단심, 인석印石에 새기면서,
선비의 올곧은 지조, 돌에 거듭 다졌다.

선생의 의절 앞에 호적들 기氣가 꺾여,
홀로서 회향回鄕, 인석印石만 안고 왔네,
각인刻印된 한구 한구一句엔 혼이 살아 있었다.

초하루 아침이면 정결한 마음으로,
상 앞에 바로 앉아 명각문銘刻文 되새기며,
금석今昔의 내우외환內憂外患을, 다시 한번 짚는다.

청백리 그의 기풍, 어디에 비유하랴
청탁淸濁이 체류替流하는 청강淸江도 무색하다,
애인愛印도 둘 곳 없어 향산굴鄕山窟에 뒀노라.

* 金尙憲(1570–1652)은 丙子胡亂 당시 예조판서로서 斥和를 주장하다가 파직되어 瀋陽에 잡혀갔다가 돌아와서 좌의정이 되었었으며 淸白吏로 명성을 전하고 있다.

아파트 숲

산보다 낮다지만 동산보다 높구나,
아파트 하늘 가려 키 큰 자랑 한다만,
구름과 부닥뜨릴까 마음 죄어 하노라.

고목이 크다지만 높아야 오륙십 척五六十尺
아파트 정원수庭園樹는 오 층에도 못미처
자연과 동떨어져서 삭막할까 두렵네.

승강기 오르내려 편타고 자랑마오
아파트 안팎 벽이 양회洋灰로 싸였으니
초목의 철 향기조차 느껴 보기 어려워.

여름철 모기들도 못 온다 말하지만,
아파트 찾아드는 벌 나비 아예 없고,
창문을 두들겨 주는 바람만이 거세네.

운각雲閣이 따로 있나 이것이 마천루摩天樓요,
아파트 일컬어서 탱천루撐天樓 운운하나,
선녀들 내려 노니는 터전 못 돼 아쉬워.

이것도 아니라면 저것도 아니런가
아파트 높아가자 병리病理도 는다하니
선의仙醫를 불러서라도 낙원답게 가꾸길!

안중근安重根(안중근의사를 생각한다)

장부의 이름으로 하늘에 맹세하고,
할 일이 남아 있어 물러설 뜻 접었다.
조국의 신음소리가 내 간장을 끊거늘,

웅지가 솟구친다, 어딘들 못 가리오.
천맹天盟은 한번이요, 민노民怒는 두 번 없다,
무의신無義神 되지 않으려 떳떳하게 나서리.

신명身命을 돌볼소냐, 대의大義를 지키련다,
그대들 깨우치려 내 참뜻 전하노니,
동양의 값진 내일을 위장僞裝하지 말지라.

* 安重根(1879-1910)은 1909년 10월 26일 하얼빈 역두에서 伊藤博文을 격살하고 독립운동의 起爆을 유도했다. 그의 생일인 9월 2일에는 일본서 추모행사를 하며, 義擧日인 10월 26일에는 중국에서 추모행사를, 그리고 殉國日인 3월 26일에는 한국에서 추모행사를 거행한다.

거울

거울이 비쳐주는 그림자 볼 적마다,
영상의 움직임을 눈여겨보게 된다.
모든 게 바로 안 보여, 외로 보여 어쩌나.

오른 손 올려보면 왼손이 올라가고,
왼쪽 눈 감아보면 오른쪽 눈이 감겨.
그래도 거울 없으면 비쳐볼 데 없어라.

거울로 거울 영상 되비쳐 보노라면
역상逆像을 바로잡아 참 모습 볼 수 있네,
실상을 바로 보려면 재조명再照明할 지어다.

재再자를 즐겨 쓰면 숙지도熟知度 높아지고,
숙지도 높아지면 관점觀點이 밝아진다.
거울이 빛을 비추듯 조명照明의 힘 기르세.

철룡鐵龍 같은 지하철

철룡鐵龍이 이것이냐, 국토를 누비누나,
지하철 가는 곳엔 인적人跡도 늘어나네,
굽이쳐 달려갈 때면 용마龍馬 탄 듯 후련해.

산하山河를 거침없이 달리는 철마鐵馬로세
지하철 타고가면 못 갈 곳 거의 없네
문명의 새 풍토 속에 속도문화 즐긴다.

땅굴을 관통하며 뻗어간 멋진 궤도軌道
지하철 대동맥이 새 노선 찾는 도다
문명의 두더지인가 갈 곳도 많아라.

나그네 일행되어 먼 곳도 마다 않고,
지하철 즐겨 타는 경향京鄕의 고령고객高齡顧客.
경로석 가려 앉아서 오수午睡마저 즐기네.

노약석老弱席 비워 두고 안 앉는 젊은이들
지하철 이용 풍토 스스로 떨쳐간다.
이래도 불평한다면 그들이 애처로워.

글로벌 세상살이 다 함께 겪으면서
지하철 오대국五大國 중 우리가 으뜸이니
의젓한 민주시민상 내 먼저 현창顯彰하세.

우면산牛眠山

우면산 한 자락을 거닐며 생각한다.
미명未明에 수백 명이 올라와 북적인다.
우공牛公의 새벽녘 잠을 깨우려 함이런가.

산새도 아침 단잠 아쉬워 날지 않고
밤새워 우지지던 자규子規도 조용한데,
산 올라 떠들어대면 안면安眠 방해 아닐까?

너에게 귓속말로 살그미 물어본다,
웬일로 긴 잠에서 깨나지 않는 고야,
너만이 속을 끓이는 그 무엇이 있느뇨.

눈 뜨고 바라보면 내 할 일 없는 도다,
경운기 밭을 갈고 자동차 짐을 날라,
내 할 일 찾을 길 없어 잠을 다시 자노라.

내 어찌 그 뿐이랴 비육우肥肉牛만 키우고.
나이도 들기 전에, 도장屠場 가기 바쁘니.
세상이 보기 싫어서 눈을 감고 지낸다.

가여운 소의 동포 북으로 끌려가서
소식도 끊긴지가 어즈버 십년일세,
소牛인들 어찌 원하랴, 남북 간의 이산을.

정치판 시끄러워 마음에 안 든다오
젖소라 들여와서 몸값만 올려놓고
한우는 맛 자랑하며 속여 팔기 일쑤라,

눈 뜬들 무엇하랴 설 자리 따로 없고
나선들 무엇하랴 외롭기 그지없어
잠이나 자고 또 자며 우면산신牛眠山神 되리라.

함지박

크면서 볼품없는 통나무 그릇이라,
끌 자국 자구 흔적 그대로 남았지만
함지의 소박스러움 왜 그런지 정겨워.

아낙네 새참 지어 밭둑에 차려놓고
서방님 불러내어 함지를 열라치면
님의 입 함지박처럼 열리면서 웃누나.

논 매기 고달프고 밭 갈기 힘겹지만
땀 흘려 가꾼 곡식 가을을 재촉한다,
영글어 오동통해진 이삭이 대견쿠나.

풍년을 기대하며 아내의 손을 잡고
시집 갈 딸 얘기로 시간을 바수면서
세상의 복문福門을 열고 딸과 함께 든다오.

구제역 口蹄疫

해마다 닥쳐오는 구제역 역질 탓에,
정이 든 소와 돼지 무덤에 보내자니
눈앞이 캄캄하다오, 식은땀이 흐른다.

돼지 울 비어 있고 외양간 비어 있어
한숨만 터트리며 고개를 떨군 농부
뉘라서 그들 마음을 속 시원히 달래랴?

전염이 두려워서 생매장 한다마는
몇 년을 공들여서 키워낸 보람인데
어쩌랴 애통한 마음 어디 가서 풀소냐.

개와 말 한울에서 지내도 괜찮으니,
구제역 항생체를 그들은 지녔을 터,
견마犬馬의 생태 빌려서 방역의 길 찾으세.

씨름

명절을 즐기려는 사람들 모여들면,
농악대 굿 놀이가 한바탕 벌어진다,
모두가 어깨춤 추며 서로 서로 어울려.

씨름꾼 하나 둘씩 모습을 드러내면
박수와 환호성을 울리며 맞이하네,
승부에 마음 조이는 긴장감을 뉘 알랴?

황소는 한 구석에 홀로서 자리한 채
새로 딴 콩잎 여물 맛있게 즐긴다오.
씨름을 모른 체 하는 소의 마음 편쿠나.

윗마을 아랫마을 씨름꾼 맞설 때면,
요란한 응원소리 지축地軸을 움직이네,
배지기 묘기 한판에 온갖 시름 날린다.

호수湖水

세월을 잊은 듯이 호수는 잠자는데,
물결이 바람 타고 호수를 깨우누나,
수면에 파상波狀이 이니 호수 얼굴 웃는다.

조각배 물결 타고 어디로 흘러가나
어옹漁翁이 드린 낚시 세월을 낚으면서
석양의 붉은 노을이 지는 줄도 모르네.

발길을 재촉하는 산승山僧의 뒷모습이
지름길 저 너머로 사라져가건 만은
어옹은 어화漁火 밝히며 어디론가 흘러가네.

밤낚시 즐기다가 배 위서 밤새우고,
반달을 벗 삼아서 시 한수 읊다 보면,
맥고자 창 둘레에는 이슬방울 맺히네.

침묵

산길을 거닐다가 고목과 마주쳤다.
녹각鹿角을 떠올리는 가지가 야속쿠나,
봄빛을 외면한 듯이 그 모습이 앙상해.

풍상에 시달려서 그렇게 되었던가,
천수天壽를 다하여서 고목이 되었는가.
두터운 그늘마저도 잃었으니 어쩌랴?

봄철이 돌아와도 가을이 돌아와도,
앙상한 모습으로 침묵을 이어가니,
너에겐 잃을 수 없는 침묵만이 남었네.

심산深山이 침묵하고 고목이 침묵하니
나 또한 그대 보며 침묵을 배우면서
세상의 아우성 소리 침묵 속에 묻노라.

상상想像

개들이 달을 보고 짖는다, 흉을 보며,
맹인이 코끼리를 상상도 못 했듯이,
우리의 상상 세계도 울타리가 있다오.

우주를 호흡하며 기상氣像을 키워 가고
자연을 노래하며 세월을 즐기지만
우주의 바깥세상은 상상조차 못 한다.

육척六尺의 이 한 몸을 유일한 자아自我라고,
스스로 둘도 없는 존재라 믿으면서
이십조兆 체내體內세포를 상상이나 했던가?

과학의 힘을 빌어 상상의 길을 찾되,
철학을 외면하며 스스로 만족하면,
상상은 살아져 가고 환상幻想만이 남으리.

보릿고개

보리가 나오기 전 춘궁기春窮期 다가오면,
농가엔 기근이란 공포가 찾아든다.
그 때엔 초근목피草根木皮를 끼니삼아 견뎠네.

쌀독이 바닥나고 봄보리 익지 않아
도처에 절량농가絶糧農家 걱정이 태산 같네,
조당수 끓여 먹으며 그 시름을 달랜다.

봄비가 내린 다음 새싹이 돋아나고
마을의 산과 들에 푸른 빛이 더해가면,
아낙네 다리끼 뫼고 나물 캐러 나섰네.

취나물 돌나물과 고사리 뜯어오고.
더덕과 도라지를 캐 모와 말렸다가,
장날에 읍내로 나가 곡식 바꿔 온다오.

어두운 굶주림의 그림자 짙다지만,
시부모 봉양하는 아낙네 대견하다,
가난한 살림이지만 효성만은 안 잊어.

갸륵한 그 마음이 새마을 물결 타고
부녀회 만들어서 가난을 물리쳤네,
드디어 보릿고개는 어디론가 사라져!

잘 살아라 나지막한 소리로

친정을 떠나가는 딸에게 잘 살라고
이르는 어머님의 애절한 그 한마디
딸자식 앞날의 일을 뭉뚱그린 말일세.

내외간 금슬 좋아 아들딸 많이 낳고
시부모 잘 모시고 조상님 잘 받들며
친인척 화목 위해서 온갖 정성 다 하라.

이제는 출가외인 그 집의 귀신 되라
돌아올 생각 버리고 너의 갈길 잘 가라,
눈물로 남긴 그 말씀 그 뜻 어찌 잊으랴.

딸들아 잘 살라는 말의 뜻 새겨보며,
오늘의 괴로움을 잊을 줄 알아야만,
내일의 꿈을 펴가는 너의 세상 열린다.

좀도리 통

밥 지을 때가 되면, 가슴을 파고드는,
그 설움, 누구에게 터놓고 얘기하랴.
한 식구 한 수저씩의 쌀을 아껴 모은다.

부뚜막 한구석에 입담은 좀도리 통,
한 수저 쌀만큼의 배고픔, 뉘 차지냐?
아낙네 허리띠만이 죄어들어 가누나.

(좀도리 통)

호박 넝쿨

박넝쿨 겁도 없이 행랑채 지붕으로
버젓이 뻗어 올라 둥근 박 뽐내누나.
그러나 호박 넝쿨은 담장에만 머문다.

호박 꽃 볼품없다 그것도 꽃이냐고
노래가 불릴 만큼 하찮게 여기지만,
호박이 많이 열리면 상차림도 달라져.

호박국 호박나물 호박전 호박꼬지.
부모님 반찬으론 언제나 으뜸일세,
담장 가 이곳저곳의 호박넝쿨 정겨워.

통통한 호박벌도 호박 꽃 찾아든다.
황호박 크게 키워 약재藥材로 만들어서
어버이 겨울철 건강 보살피려 한다오.

옛 낚시터

저수지 언덕 아래 좌대가 있던 자리.
낚시 줄 늘어놓고 세월을 낚던 곳을,
어쩐지 잊을 수 없어 다시 찾아 왔노라.

그 옛날 스승께서 소복에 삿갓 쓰고
홀로서 고이 앉아 침묵에 잠기던 곳,
뉘라서 짐작하리오, 그때 그의 심정을!

전란의 태풍 속에 제자들 흩어지고.
글 읽던 글방에는 추억만 잠겼을 뿐,
호롱불 하나마저도 먼지 속에 묻혔네.

위수渭水의 태공망太公望을 그토록 역설하며,
대의大義를 낚기 위해 수심水心을 배우라던,
그 말씀 상기하면서 옛터 찾아 왔노라.

칠갑산 장곡마을

큰 고개 넘어서도 산길은 끝없지만,
산새들 지저귀는 그 소리 반가워라.
대자연 품에 안김을 비로소 알겠노라.

칠갑산 고갯마루 바람만 오가는데,
떠도는 구름뭉치 유일한 벗이로세.
아득히 바라보이는 하늘 끝은 어딜까.

의병장 그 옛님의 체취가 풍기듯이
나무 스쳐가는 바람기 매섭구나,
이 고장 의사義士이어라, 면암勉菴선생 떠올라.

계곡 끝 깊은 곳에 자리한 장곡사長谷寺엔,
신라의 유풍마저 그윽이 담겼는데,
삼존불三尊佛 어이하다가 일존불을 잃었나.

긴 골짝 아늑한 곳 계곡수 흐르는데
수백년 세월 속에 자라온 느티나무,
묵묵히 마을 내력을 귀띔하여 주누나.

이 곳에 새마을의 뿌리를 내리고자,
뛰어든 그 때 그 일 지금도 후회 없다.
불심佛心과 의혼義魂이 담긴 그 기상을 떨치리.

* 崔益鉉(1833-1906)은 1905년의 乙巳保護條約을 반대하여 義兵活動을 하다가 체포되어 對馬島로 유배되었으나 옥중에서 斷食鬪爭하다가 殉國한 義節人이다.

왕눈이 묵동墨童

어릴 적 무서웠던 낱말은 침 이야기.
한의사 정선생은 내 별명 부쳐줬네,
눈이 커 왕눈이, 옷에, 먹이 묻어 묵동이.

글방에 다니면서 붓글씨 배운다고
옷에도 먹칠이요, 얼굴도 먹칠인데,
천자문 외우며 노는 아이가 좋았데요.

어릴 적 눈에 비친 그 인품, 남달라서.
좋으며 무서우나, 그 인상 안 잊혀져.
지금도 안겨 보고픈 그의 품이 그리워!

* 필자의 유년기 취학 전 글방에서 千字文을 떼고 童蒙先習을 배우며 붓글씨를 배운다고 옷과 얼굴에 늘 먹칠을 하고 다녔던 모양이다. 한 마을에서 사시는 정남기 선생(한의사)은 왠지 필자를 가까이 해주셨다. 때로는 요술이라 하며 생 달걀을 자신 다음 그 좁은 구멍으로 달걀의 속껍질을 꺼내보여 주셨다. 정남기 선생은 함께 놀아주실 때는 한 없이 좋았다가도 침 놓는다고 할 때는 가장 무서운 분으로 뇌리에 각인되어 있는 분이다.

제3부 한시(漢詩)

1장 대운시(對韻時)(上)

1章 對韻詩 一覽表 (1)

順	題 者	詩題(明代)	韻 字	詩題 (現在)	題 者
01	朱元章	諭臨蒸縣官	方·行·湯·陽·湘	明十三陵有感	金裕赫
02	劉 基	感 懷	人·塵·棒·辰·春·親	感 懷	”
03	高 啓	晩登西城	辰·人·鱗·塵	登 南漢山城	”
04	袁 凱	京師得家書	行·鄉	望 鄉	”
05	袁 凱	白 燕	非·稀·歸·衣·飛	漢畔樹亭	”
06	李廷興	丙申歲詠懷	間·還·山·關	出 洋關	”
07	滕 毅	感 事	秋·流·愁·洲·頭	菊秋有感	”
08	甘 瑾	何梅閣山居	顔·山·關·班	往 山寺	”
09	浦 源	送人之荊門	輕·情·城·聲·賡	山 行	”
10	曾 棨	維揚懷古	華·霞·家·花·鴉	舊王城有感	”
11	劉 球	山 居	斜·家	留 山家	”
12	劉 績	征父詞	知·兒	憫 農	”
13	郭 登	甘州卽事	來·開·雷·回·萊	總長就任	”
14	馬中錫	晩渡咸陽	川·天·船·年·邊	登 南山	”
15	沈 周	寫懷寄僧	松·虫·中·空·公	山寺夜泊	”
16	王守仁	登 泰山	霏·輝·衣·依·飛·歸	古堂閑坐	”
17	鄭善夫	秋 夜	清·明·聲·兵·情	秋 夜	”
18	韓邦靖	關 中	兵·橫·行·城	思 齊桓公	”
19	戴 冠	立春日舟中題	春·新·人·親	新年元旦	”
20	周 在	閨 怨	衣·飛·歸	思老萊子之孝	”
21	唐 寅	閶門卽事	中·雄·東·同·工	巡觀 金剛山	”
22	薛 蕙	雜 詩	妨·盲·望·黃·方	訓 兒	”
23	敖 英	塞上曲	沙·笳·斜·家	江 亭	”
24	蔡 羽	思 田園	時·思·茨·誰·支·藜	思農村田園	”
25	沈 鍊	寄馮敬叔	留·秋·愁·州	鷄龍山	”
26	魏時亮	平壤拜箕子廟	東·同·風·宮	往 平壤	”
27	謝 榛	居 庸關	兒·時·廻·旗	白馬高地戰鬪	”
28	李 贄	贈西人利西泰	征·程·城·名	一四後退	”
29	吳國倫	慶州雜詠	持·夷·障·知	越南戰線	”
30	戚繼光	盤山絶頂	開·來·才·臺	登 普德窟	”
31	徐 渭	懷東將軍同甫	雄·中·空·風	安重根義士	”

谕临蒸县官

朱元璋

(韻字: 方 行 湯 陽 湘)

临蒸邑治绝殊方，　巘業重山碧翠行。
溪曲羊肠岚杂雾，　树蟠龙体雨飞汤。
墨云隙处天澄水，　苍海空中日耀阳。
好把寸心问民瘼，　当迁离瘴任潇湘。

註

* 朱元璋: 明나라 太祖(1328년생. 在位 31년간: 1368.1-1398.5)
* 肇基: 나라를 세울 터전을 이룩했다는 뜻.
* 成湯: 夏王朝의 폭군 桀을 폐하고 殷王朝를 세운 임금.
* 夏桀: 夏王朝의 마지막 왕인 폭군.
* 岐陽: 周文王이 자리했던 주 나라의 도읍지(岐山之陽의 줄인 말).
* 湘: 중국 湖南省에- 흐르는 소상강의 이름.

明十三陵 有感

恒山 金裕赫

(朱元璋 詩의 方行湯陽湘 운자에 맞추어 지음)

爲政有方治有方　敢問何事優先行
當代崇文輝王世　肇基開道模成湯
宣善撫民憎夏桀　以身作則伴岐陽
巡觀明陵想過日　歲月多遷水滿湘

뜻풀이

정권유지에도 방법이 있고 다스림에도 방법이 있는데
어느 일에 더 역점을 두셨는지 감히 묻고 싶습니다.
당대에는 문을 숭상하여 세상을 빛나게 했는가 하면
터전을 닦고 길을 열어 탕왕 같은 성왕을 본받았네.
선정으로 백성을 달래며 걸왕 같은 폭군을 싫어하고
몸소 본을 보여 주나라 문왕의 덕을 익혔네.
명 십삼능의 옛 모습을 보며 지난 날을 회상하건만
세월의 흐름을 모른 채 강물만이 瀟湘에 넘쳐흐르네.

感懷

劉基

(韻字: 人 塵 榛 辰 春 親)

驱车出门去，　四顾不见人；
回风卷落叶，　飒飒带沙尘；
平原旷千里，　莽莽尽荆榛。
繁华能几何，　憔悴及兹辰；
所以芳桂枝，　不争桃李春。
云林耿幽独，　霜雪空相亲。

註

＊ 劉基: 字, 伯溫(1311–1375). 元末明初의 文學者 政治家로서 明 建國에 큰 공로 세움. 주요저서:『郁離子』,『春秋明經』등.
＊ 風塵: 바람에 날리는 먼지라는 뜻으로서 이는 세상살이의 시끄러움을 말하는 것임.
＊ 四域: 동서남북으로 통하는 사방의 세상.

感 懷

恒山 金裕赫

(劉基 詩의 人塵榛辰春親 운자에 맞추어 지음)

交通多極化　可接萬邦人
競爭相促進　到處有風塵
民心多戰戰　世態似榛榛
炫光輝四面　煌夜疑銀辰
奢潮常滿溢　豪閣不感春
醉繁魂亦亂　唯懼及忘親

뜻풀이

교통망이 어디에나 통할 수 있게끔 다극화 되어가니
어디서든 세계 모든 나라 사람들과 접촉할 수 있다네,
서로 앞서가려고 선두다툼을 끝이지 않고 있으니
발길 닿는 곳마다 북새통 치는 꼴을 보겠노라.
민심은 불안하여 얼음판 걸어가듯이 두려움에 젖어있고
세상의 모습은 거칠고 거칠어 우거진 잡초 벌 같다네.
찬란한 불빛이 어느 곳 할 것 없이 비쳐주고 있음에
휘황한 밤의 풍경은 마치 은하계의 별빛처럼 보인다네.
사치스러운 풍조가 곳곳마다 넘쳐흐르고 있으니
호화로운 집에서는 봄철의 풍광도 느끼지 못하는가보다.
번거로움에 도취되어 혼마저 또한 빼앗겨 버린다면
그 병폐가 어버이를 잊는 지경에까지 미칠까 두렵다.

晚登西城

高 啓

(韻字: 辰 人 鱗 塵)

木落悲南国， 城高见北辰。
飘零犹有客， 经济岂无人？
鸟过风生翼， 龙归雨在鳞。
相期俱努力， 天地正锋尘。

註

* 高啓: 字, 季迪. 號, 青邱(1336–1374). 明의 詩人으로서 元史편찬에 종사. 吳中四傑의 一人. 주요저서:『高太史大全集』.
* 北斗辰: 북두칠성을 뜻함.

登 南漢山城

恒山 金裕赫

(高啓 詩의 辰人鱗塵 운자에 맞추어 지음)

日暮登南嶺　欲尋北斗辰
鄉貌須無改　書朋已故人
谷水聞天曲　山雲作龍鱗
古墟老木角　幾度過風塵

뜻풀이

해거름에 소걸음으로 남쪽으로 뻗은 산 위에 올라보니
별빛은 나지 안 했지만 북두칠성 쪽으로 눈길을 돌렸네.
내가 살아온 고을 산천의 모습은 달라진 것이 없건만
그 옛날 함께 공부하던 친구들은 이미 세상 뜬 이 많구나.
좁은 계곡에 흐르는 물소리는 자연의 교향악처럼 들려오는데
산 위에 뜬 구름은 문득 모양을 바꿔 용의 비늘처럼 변하네.
빈터에 외롭게 남아있는 늙은 나뭇가지는 녹각처럼 솟았으니
몇 번이나 고달픈 풍진세월을 겪으며 지내왔다는 말인가?

京師得家书

袁 凯

(韻字: 行 鄉)

江水三千里,
家书十五行。
行行无别语,
只道早还乡。

註

* 袁凱: 字, 景文. 號, 海叟(生沒年 未詳).
* 梧葉: 오동나무 잎. 오동나무는 가을 서리에 견디지 못해 가장 먼저 잎이 떨어지기 때문에 가을을 제일 먼저 알리는 나무라고 전해지고 있다. 그리고 四靈중의 하나인 鳳凰(羽虫之長)은 오동나무 非梧桐不巢라고 한다.
* 雁行: 기러기는 날을 때 반드시 큰 놈은 앞에서, 작은 놈은 뒤에서 따라난다. 八字 모양의 행진대오를 형성한다. 그처럼 질서 있는 움직임을 雁行이라한다. 그 모습을 우리 생활 질서의 개념으로 받아들여 형제간의 관계를 안행이라 말하게 되었다.

望 鄕

恒山 金裕赫

(袁凱 詩의 行鄕 운자에 맞추어 지음)

梧葉階前落
忽然望雁行
行陣南山越
看雲憶故鄕

뜻풀이

오동나무 잎이 뜰 아래로 떨어져 나부낄 때
홀연히 하늘을 날아 건너는 기러기 행렬을 바라보노라.
기러기의 행렬이 남산 저쪽으로 넘어가니
빈 하늘에 떠 있는 구름 바라보며 고향생각에 젖어드네.

白 燕

袁 凱

(韻字: 非 稀 歸 衣 飛)

孤国飘零事已非，　旧时王谢见应稀。
月明汉水初无影，　雪满梁园尚未归。
柳絮池塘香入梦，　梨花庭院冷侵衣。
赵家姊妹多相忌，　莫向昭阳殿里飞。

註

* 袁 凱: 前揭詩 참조.
* 鼎立: 솥의 배꼽은 세 개다. 그래서 정립은 三者가 대립하고 있음을 뜻한다.
* 皆骨山: 금강산을 일명 개골산이라 한다.

出 洋關

恒山 金裕赫

(李廷興 詩의 間還山關 운자에 맞추어서 지음)

飛機何處去　出沒白雲間
今朝同道發　後日與誰歸
窓外觀蒼海　眼中闢衆山
疑是仙遊裏　忽然到洋關

뜻풀이

비행기는 어느 곳으로 날아가고 있는가?
흰 구름 사이를 들락거리며 날아가고 있구나.
오늘 아침에는 여행 동반자가 되어 함께 출발하지만
뒷날에는 누구와 더불어 이 길을 다시 돌아오게 될까?
창 밖으로 푸른 바다를 바라보며 날으다 보니
한 눈 안에 뭇 산들의 모습이 열리는구나.
이것이 신선놀음이 아닌가 의심스러워지기조차 하는데
어느덧 서양 땅 공항에 이르렀구나.

感 事

滕 毅

(韻字: 秋 流 愁 洲 頭)

虎战龙争二十秋， 江波日夜自东流。
道旁无语王孙泣， 天际含颦帝子愁。
苜蓿风烟空壁垒， 蒹葭霜露满汀洲。
多情惟有西山月， 永夜依依照白头。

註

* 滕毅: 明代 詩人
* 金烏: 태양을 일컬어 금오라 하고, 달을 일컬어 玉免라고 한다.

望 鄕

恒山 金裕赫

(袁凱 詩의 行鄕 운자에 맞추어 지음)

梧葉階前落
忽然望雁行
行陣南山越
看雲憶故鄕

뜻풀이

오동나무 잎이 뜰 아래로 떨어져 나부낄 때
홀연히 하늘을 날아 건너는 기러기 행렬을 바라보노라.
기러기의 행렬이 남산 저쪽으로 넘어가니
빈 하늘에 떠 있는 구름 바라보며 고향생각에 젖어드네.

白燕

袁凱

(韻字: 非 稀 歸 衣 飛)

孤国飘零事已非， 旧时王谢见应稀。
月明汉水初无影， 雪满梁园尚未归。
柳絮池塘香入梦， 梨花庭院冷侵衣。
赵家姊妹多相忌， 莫向昭阳殿里飞。

註

* 袁 凱: 前揭詩 참조.
* 鼎立: 솟의 배꼽은 세 개다. 그래서 정립은 三者가 대립하고 있음을 뜻한다.
* 皆骨山: 금강산을 일명 개골산이라 한다.

漢畔 樹亭

恒山 金裕赫

(袁凱 詩의 非稀歸衣飛 운자에 맞추어 지음)

是也非耶盡是非　分邦鼎立古今稀
東端新羅雖偏在　能覇麗濟權復歸
運乏勢窮民散去　入山太子一麻衣
誰慰孤魂撫恨淚　松林寂寞鳥閑飛

뜻풀이

옳으냐 그르냐 하고 따지는 그 자체가 모두 시비로세
국토를 세 개로 나눠서 대립함은 고금에 드문 일이다.
동쪽 끝에 자리한 신라는 비록 한편에 치우쳐 있었지만
능히 고구려와 백제를 굴복시켜 통치권을 되돌렸네.
운명과 운세가 궁핍해지자 백성들은 뿔뿔이 흩어져가고
왕위 이어갈 태자는 개골산으로 들어가 마의태자 되었네.
뉘라서 그 외로운 혼을 달래주며 한 맺힌 눈물을 닦아주랴
솔숲은 적막한데 무심한 새들만이 한가로이 날아다니누나.

丙申岁咏怀

李延兴

(韻字: 間 還 山 關)

白首殊方客，　奔驰戎马间。
时危忧母老，　岁晚寄书还。
冻雪连荒野，　寒云出乱山。
苍茫西日外，　痛哭倚柴关。

註

* 李廷興: 明代 詩人
* 飛機: 비행기의 줄인 말.
* 洋關: 옛 詩에 西出洋關無故人이라는 구절이 있듯이 西洋이라는 뜻이다.

菊秋有感

恒山 金裕赫

(滕毅 詩의 秋流愁洲頭 운자에 맞추어 지음)

菊香濃發報清秋　秋氣相感興自流
以詩可詠千年景　勸酒能消萬客愁
塞鴻作陣同渡海　白鳥成群共向洲
欲醉楓光更望岳　金烏已掛西峰頭

뜻풀이

국화에서 풍기는 짙은 향기가 청명한 가을을 알리니
가을 기운 서로 느끼게 되어 흥겨움이 넘쳐흐르네.
시는 천년불변의 아름다운 경치를 읊을 수 있는가하면
술잔을 서로 권하다보면 뭇 나그네 시름도 덜게 된다네.
변방의 기러기는 행렬을 지어 나란히 바다를 건너가고
백조는 무리를 지어 함께 물가를 향해서 달려가는구나.
단풍에 취하고 싶어서 다시 뫼뿌리 쪽을 바라보니
태양은 어느덧 서쪽 산봉우리 머리 위에 걸려있구나.

何梅阁山居

甘 瑾

(韻字: 顔 山 關 班)

迹不到城市， 逢人无厚颜。
一瓢风外树， 双屐雨中山。
流水春喧碓， 归云暮掩关。
无心经世务， 为益鬓毛斑。

註

* 甘瑾: 明代 詩人
* 歲暮: 한 해가 저물어 간다는 뜻임.

往 山寺

恒山 金裕赫

(甘瑾 詩의 顏山關斑의 운자에 맞추어서 지음)

歲暮臨明鏡　欲看舊日顏
無思從寺路　聞鳥步朝山
奇峯連北岳　綠水向西關
與誰同好景　秋楓已作斑

뜻풀이

해가 저물어 가니 밝고 맑은 거울 앞에 다가서서
나의 옛 날 그 얼굴을 찾아보고 싶구나.
아무런 생각 없이 절간으로 통하는 길을 따라서
새들이 지저귀는 소리를 들어가며 아침 산을 거닌다.
뛰어난 산봉우리는 북녘 뫼 뿌리로 이어져 있고
푸른 물은 서쪽 마을을 향해서 흘러가는구나.
뉘와 더불어 이 좋은 경치를 함께 즐기랴?
가을 단풍은 어느새 아름답게 얼룩져 있다네.

送人之荆门

浦 源

(韻字: 輕 情 城 聲 賡)

长江风飏布帆轻， 西入荆门感客情。
三国已亡遗旧垒， 几家犹在住荒城。
云边路绕巴山色， 树里河流汉水声。
此去郢中应有赋， 千秋白雪待君赓。

註

* 浦源: 明代 詩人
* 殘墻: 옛 산성의 흔적.
* 長城: 만리장성처럼 긴 산성이라는 뜻.
* 與天賡(이을갱): 자연(天)과 더불어 즐거움을 주고받는다(賡)는 뜻이다.

山 行

恒山 金裕赫

(浦源 詩의 輕情城聲賡 운자에 맞추어 지음)

虛心登岳步猶輕　眼下物相皆有情
奇石作峰如英傑　殘墻連陵疑長城
誰看岩隙風塵跡　渾醉林間雜鳥聲
此外仙鄕何處覓　乾坤呼吸與天賡

뜻풀이

마음을 비우고 산에 오르니 발길도 가볍고
눈 아래 바라보이는 물상도 모두 정겨워 보이네.
빼어난 돌 바위가 봉우리를 이루니 영걸처럼 보이고
옛 담장 흔적이 능선에 이어지니 장성 아닌가 싶네.
바위틈에 풍진 흔적이 있는 것을 누가 보았다더냐?
숲 새로 울려 퍼지는 순수한 새소리에 빠져들었다네.
이밖에 신선들이 사는 고을을 어디서 또 찾으랴?
자연과 더불어 즐기면서 건곤을 호흡하노라.

维扬怀古

曾 棨

(韻字: 華 霞 家 花 鴉)

广陵城里昔繁华， 炀帝行宫接紫霞。
玉树歌残犹有曲， 锦帆过去已无家。
楼台处处迷芳草， 风雨年年怨落花。
最是多情汴堤柳， 春来依旧带栖鸦。

註

* 曾棨: 明代 詩人
* 紫霞: 彰義門의 俗稱. 북두성 북쪽에 자리한 별을 紫微垣이라 한다. 그 별은 天帝가 거처하는 곳이라 하여 地上의 황제들이 紫字가 들어가는 단어를 좋아하게 되었다. 예를 들면 왕의 옷을 紫衣라 하며 皇后의 거처하는 곳을 紫房이라 하고 좋은 징조를 일컬어 紫雲이라 한다. 紫霞門도 같은 맥락에서 이해할 수 있다.
* 鴻雁: 鴻은 기러기 중에서 큰 놈을 가리키는 말이다.(鴻, 雁之大者也).
* 鴉: 까마귀를 말한다. 까마귀에는 慈烏와 烏鴉가 있다. 烏鴉는 주둥이가 큰 것을 말한다. 남쪽사람들은 까치를 좋아하고 북쪽사람들은 까마귀를 좋아한다고 하는데 그것이 바로 烏鴉다. 그리고 慈烏는 孝烏라고도 한다.

舊王城 有感

恒山 金裕赫

(曾棨 詩의 華霞家花鴉 운자에 맞추어 지음)

古今帝王好繁華　都北城門曰紫霞
當時風景雖幽隱　其世影音殘故家
塞邊鴻雁歸何處　鹿角舊枝吐小花
山色水光情未盡　遠聞亭外暮雲鴉

뜻풀이

고금의 제왕들은 거의가 번영과 화려함을 좋아하여
북쪽에 있는 성문을 일컬어 그것도 자하문이라 했다.
그 당시를 상상케 하는 경치는 비록 그윽하지만
그 시절 세상의 모습은 지금도 옛 터에 남아있네.
변방을 날아가는 기러기는 어느 곳으로 돌아가려는가
사슴뿔 모습의 고목은 작은 꽃송이를 토해내는구나.
세월과 함께하는 산수의 깊은 정은 다함이 없는데
멀리서 들려오는 까마귀 소리는 오히려 애절하구나.

山居

刘球

(韻字: 斜 家)

水抱孤村远,
山通一径斜。
不知深树里,
还住几人家?

註

* 劉球: 字, 求樂, 廷樂. 安福(1392-1443). 明代學者, 當時 政治弊害 直諫.
* 羊腸曲: 동물의 창자 중에서 양의 창자가 가장 꼬불꼬불하다 하여 이름 붙여진 것.
* 脚勞: 많이 걸었을 때 느껴지는 다리의 피로감.
* 牛步: 소의 걸음처럼 느리다는 뜻.

留 山家

恒山 金裕赫

(劉球 詩의 斜家 운자에 맞추어 지음)

林路羊腸曲
西峰日欲斜
脚勞難勝裏
牛步到山家

뜻풀이

숲 속의 산길은 양의 창자처럼 꼬불꼬불 한데
서쪽 봉우리에는 해가 기울어져 가고 있구나.
피로에 지친 다리 이끌기도 어려운 가운데
소걸음으로 겨우 산체에 이르러 머물었노라.

征父词

刘 绩

(韻字: 歸 知 兒)

征父语征妇,
死生不可知。
欲慰泉下魂,
但视襁中儿。

註

* 劉績: 明代 詩人
* 恤: 恤이란 불쌍히 여긴다는 뜻으로서 救護의 손길을 뻗는다는 뜻이 포함되어 있다.
  鄕約의 4대 강령 중에 다음과 같은 내용이 명시되고 있다.
  첫째는 德業相勸이요
  둘째는 過失相規요
  셋째는 禮俗相交요
  넷째는 患難相恤이다.
  恤은 곧 서로 돕고 보살펴준다는 뜻이다.

憫貧

恒山 金裕赫

(劉績 詩의 知兒 운자에 맞추어 지음)

國窮民豈富
禮義亦難知
家貧相散去
誰恤少幼兒

뜻풀이

나라 살림이 궁색한데 백성들의 삶이 어찌 넉넉하랴?
생활예절도 또한 제대로 알아서 지켜가기 어려울 것이로세.
집안 살림이 가난하다하여 식구들이 뿔뿔이 흩어져버린다면
누가 그 집안의 소년들과 어린이들을 보살펴 줄 것인가?

甘州即事

郭 登

(韻字: 來 開 雷 回 萊)

黑河如带向西来， 河上边城自汉开。
山近四时常见雪， 地寒终岁不闻雷。
牦牛互市番氓出， 宛马临关汉使回。
东望玉京将万里， 云宵何处是蓬莱？

註

* 郭登: 明代 詩人
* 應辟: 정부 임용을 徵이라 하고, 지방기관에서 임용하는 것을 辟이라 한다. 三徵七辟에도 불응했다는 어느 효자의 기록이 전해지고 있다.
* 蓬萊: 경치 좋고 아름다운 仙境을 말한다.

總長 就任

恒山 金裕赫

(郭登 詩의 來開雷回萊 운자에 맞추어 지음)

壬申孟夏自京來　應辟赴任業始開
或醉草香山麓美　有驚石壁雨中雷
錦江遠去連天碧　鷄龍作屛抱野回
春色秋光詩畵景　何鄕更覓此蓬萊

뜻풀이

임신년 초여름에 서울에서 이곳으로 와서
재단의 부름 받아 부임하여 일 보기 시작했네.
때로는 싱그러운 풀냄새와 산기슭 경치에 취하고
때로는 절벽을 때리는 듯한 뇌성에 놀라기도 한다.
금강은 멀리 흘러서 하늘에 닿은 듯이 푸르고
계룡산은 병풍처럼 들녘을 외워 싸며 돌아가네.
봄빛과 가을 풍경은 그 자체가 시화 같은 경치이니
어느 고을에서 이런 곳을 다시 찾아볼 수 있으랴.

晚渡咸阳

马中锡

(韻字: 川 天 船 年 邊)

野色苍茫接渭川， 白鸥飞尽水连天。
僧归红叶林间寺， 人唤斜阳渡口船。
表里山河犹往日， 变迁朝市已多年。
渔翁看破兴亡事， 独坐秋风钓石边。

註

* 馬中錫: 明代 詩人
* 騷客: 풍류를 즐기는 시객을 말함.
* 浮沈史: 역사의 흥망성쇠를 말하는 변화의 뜻.
* 六百年: 한성이 도읍으로 된 역사의 과정을 뜻하는 말.
* 鄕老: 역사의 현장을 살아온 노인을 말함.

登 南山

恒山 金裕赫

(馬中錫 詩의 川天船年邊 운자에 맞추어 지음)

漢城中域一淸川　不息長流接碧天
戀人並步花開畔　騷客閒遊畵閣船
莫言政權浮沈史　誰識風霜六百年
鄕老論談難盡聽　登樓望遠眼無邊

뜻풀이

서울 한 복판을 가로질러 흐르는 한 줄기 강물은
쉬지 않고 흘러서 푸른 하늘과 마주 붙는구나.
젊은 연인들은 꽃이 핀 강 언덕을 나란히 거닐고
풍류객은 그림 같은 배를 타고 한가함을 즐기누나.
역대 정권의 흥망성쇠 뒤안길을 말하려 들지 말라
뉘라서 육백년 거듭되어온 풍상을 다 알 수 있으랴.
노인들의 주고받는 이야기는 다 듣기 어려워라
다시 누각에 올라 멀리 바라보니 눈앞이 확 트이네.

写怀寄僧

沈 周

(韻字: 紅 蟲 中 空 公)

虛壁疏灯一穗红， 闲阶随处乱鸣虫。
明河有影微云外， 清露无声万木中。
泽国苍茫秋水满， 居民流落野烟空。
不知谁解抛忧患？ 独对青山忆赞公。

註

* 沈周: 字, 啓南. 號, 石田(1427–1509). 明代 畵家, 文學者. 市民階級藝術家의 指導者.
* 僧房: 승려가 거처하는 절간 방을 말함.
* 色空: 반야심경에 나오는 "色卽是空 空卽是色"의 줄인 말.
* 六甲: 十干 十二支로 형성되는 육십갑자.
* 通天: 사물의 존재 이치는 자연 섭리로 통한다는 뜻임.

山寺夜泊

恒山 金裕赫

(沈周 詩의 紅虫中空公 운자에 맞추어 지음)

寺邊山麓葉多紅　秋夜僧房亦聽虫
佛意相傳衆世上　鐸音靜襲我心中
色返爲空空返色　空還是色色還空
莫言六甲時運法　事必通天理必公

뜻풀이

절 주변 산기슭에 나무 잎들이 거의 붉게 물드니
가을 밤 깊은 승방에도 귀뚜라미 우는 소리 들리네.
부처님의 뜻은 중생들이 사는 곳으로 전해지는 데
목탁소리는 조용한 가운데서 내 마음을 파고드는구나.
색은 돌아가 공이 되고 공은 다시 색으로 돌아간다
즉 공의 돌아옴이 색이요 색의 돌아옴이 공이로다.
육십갑자로써 시국의 운세를 왈가왈부 하지 마소
일의 본질은 섭리로 통하고 이치는 반드시 공명하다네.

登泰山

王守仁

(韻字: 霏 輝 衣 依 飛 歸)

晓登泰山道， 行行入烟霏。
阳光闪岩壑， 秋容淡相辉。
长风吹海色， 飘摇送天衣。
峰顶动笙乐， 青童两相依。
振衣将往从， 凌云忽高飞。
挥手若相待， 怅望未能归

註

* 王守仁: 明代 詩人
* 榴夏: 계절을 자연스럽게 표현하기 위하여 여름을 榴夏, 가을을 菊秋라 한다.
* 霏霏: 가랑비가 보슬보슬 내리는 모양.

古堂閑坐

恒山 金裕赫

(王守仁 詩의 霏輝衣依飛歸 운자에 맞추어 지음)

山陰長臥裏 榴夏雨霏霏
風不開雲幕 天光亦不輝
隱居吟聖訓 逐暑愛痲衣
兒童遊戱激 鴛鴦好相依
古宮鳩自聚 都會燕無飛
興夫佳話錄 誰可更回歸

뜻풀이

산 그림자 마을을 덮듯이 길게 가로 누었는데
여름 비 보슬보슬 내리며 그칠 줄 모르네.
바람이 잠잠하여 비구름 장막이 열리지 않으니
하늘도 우중충하여 햇빛조차 빛나지 않는구나.
세상 뒷전에 살면서 성현의 가르침을 되 뇌이고
더위를 몰아내기 위해 삼베옷을 즐겨 입는다네.
어린이들 끼리 놀 때에는 좀 과격해 보이지만
원앙새는 서로 의지하며 늘 사이좋게 지내는구나.
고궁 여기저기에는 비둘기들이 스스로 모여드는데
도시에선 어느새 제비 모습을 볼 수 없게 됐구나.
놀부도 감동한 흥부의 이야기로 이어지는 전설을
누가 다시금 이 세상으로 되돌려 올 수 있을까?

秋夜

郑善夫

(韻字: 清 明 聲 兵 情)

七月欲尽天气清，　残月未上江犹明。
流萤渡水不一点，　玄蝉咽秋无数声。
独客尚未送贫贱，　四方况是多甲兵。
立罢西风夜无寐，　吴歈袅袅感人情。

註

* 鄭善夫: 明代 詩人
* 老林鹿角: 오래된 숲에서 볼 수 있는 고목가지가 마치 녹각 같다 해서 부쳐진 말.
* 尖葦: 뾰족한 모습을 지닌 갈대밭.
* 子規: 두견새를 이르는 말.
* 故人: 옛 친구 또는 고향 사람이라는 뜻임.

秋 夜

恒山 金裕赫

(鄭善夫 詩의 清明聲兵情 운자에 맞추어 지음)

秋月懸空夜益清　門庭疑是雪光明
遇看梧葉階前落　忽覺霜天雁一聲
老林鹿角眞將帥　江岸尖葦萬卒兵
子規哀啼難作夢　倚窓回憶故人情

뜻풀이

가을 달이 공중에 매달리니 밤기운은 더욱 맑은 데
문 앞뜰에 퍼진 달빛은 마치 눈빛의 반사인 듯 보이네.
우연히 오동나무 잎이 뜰 아래로 나부끼는 것을 보며
홀연히 듣고 알았노라 하늘에서 전하는 기러기소리를!
오래된 숲 위로 솟아난 고목가지는 장군의 모습 같고
강 언덕을 뒤덮은 갈대는 수만 졸병의 군상 같구나.
두견새의 애절한 울음소리에 잠들기 어려워라
창가에 기대서서 옛날님들의 짙은 정을 회상하노라.

关 中

韩邦靖

(韻字: 兵 横 行 城)

不得秦中信，今传关内兵。
饥荒失抚御，盗贼遂纵横。
渭北何由定？商南岂可行！
不知今日将，谁是汉长城！

註

* 韓邦靖: 明代 詩人
* 冀: 중국 九州의 一地方으로서 지금의 河北省 山西省 湖南省의 일부 지방을 포함하는 곳으로서 그 곳에서는 예로부터 千里馬가 생산되었다고 한다.
* 桓公: 春秋時代의 五覇로 불리는 覇王 중 第一의 覇王.
* 管仲: 齊桓公을 覇王으로 만들고 齊를 富國强兵의 나라로 만든 名宰相.
* 四維: 禮義廉恥를 四維라 한다. 四維 중 一失을 傾, 二失을 危, 三失을 覆, 四失을 滅이라 경고하고 있다.
* 以力假仁: 以德施仁을 王道라하고 以力假仁을 覇道라 한다.

思 齊桓公

恒山 金裕赫

(韓邦靖 詩의 兵橫行城 운자에 맞추어 지음)

冀生千里馬　桓公養良兵
管仲兼智德　王亦可縱橫
四維本在信　名實源於行
以力假仁政　心城勝鐵城

뜻풀이

기(冀) 땅에서는 천리를 달리는 준마가 생산된다 하지만
제나라 환공은 훌륭한 병사를 길러냈다네.
어진 재상 관중은 뛰어난 지혜와 덕성을 겸비하였고
패권을 쥔 제환공은 춘추시대를 통괄할 수 있었네.
관중이 주장하는 사유(禮義廉恥)는 信에 바탕을 두고
명분과 실리는 모두가 실행력에서 샘솟는다 하였네.
힘으로써 패권을 장악하고 그리고 어진 정치 폈으니
백성의 마음 하나 된 그 힘은 철옹성보다 튼튼하였네.

立春日舟中题

戴 冠

(韻字: 春 新 人 親)

作客尚无地， 他乡空复春。
舟中儿女大， 天末岁时新。
乐事喧殊俗， 羁愁滞远人。
椒盘怀故里， 肠断白头亲。

註

* 戴冠: 明代 詩人
* 佳興節: 모두가 흥겹게 지내는 명절 같은 계절.
* 鄕童: 마을 어린이들.
* 白頭親: 머리가 희게 신 어버이들과 지내는 어른들.

新年 元旦

恒山 金裕赫

(戴冠 詩의 春新人親 운자에 맞추어 지음)

未覺冬寒夢　梅花已報春
青山何不老　萬物變爲新
新年佳興節　更憶德談人
鄉童相作輩　巡拜白頭親

뜻풀이

추운 겨울잠에서 아직 깨어나지 않고 있는 듯한데
뜰 모퉁이의 매화는 어느새 봄이 왔음을 알리누나.
푸른 산은 어찌하여 늙지 않는단 말인가?
그러나 모든 것은 절로 변하여 봄과 함께 새로워지네.
새해에 즈음하여 느껴지는 아름다운 계절에는
많은 덕담을 들려주던 어른들의 모습을 떠 올린다.
마을의 어린이들은 서로 서로 무리를 지어
이집 저집 두루 찾아다니며 어른들께 세배를 드린다.

闺 怨

周 在

(韻字: 衣 飛 歸)

江南二月试罗衣，
春尽燕山雪尚飞。
应是子规啼不到，
故乡虽好不思归。

註

* 周在: 明代 詩人
* 老萊子: 楚나라 재상을 지냈으며, 중국 24孝 중의 한 사람으로서 유명하다.
* 跌臥: 미끄러져서 넘어지는 동작.
* 引聲: 웃음소리를 이끌어 낸다는 뜻임

思 老萊子之孝

恒山 金裕赫

(周在 詩의 衣飛歸 운자에 맞추어 지음)

老萊多用班紋衣
跌臥親前擬鳥飛
已越七旬獨作劇
引聲百笑童心歸

뜻풀이

노래자는 아름다운 얼룩무늬의 옷을 자주 입고
늙은 어버이 앞에 엎드려서 새 나는 흉내를 냈다네.
그는 이미 칠십이 넘었지만 스스로 연극을 보여주면서
많은 웃음을 자아내어 함께 동심으로 돌아가곤 하였네.

阊门即事

唐 寅

(韻字: 中 雄 東 同 工)

世间乐土是吴中， 中有阊门更擅雄。
翠袖三千楼上下， 黄金百万水西东。
五更市买何曾绝， 四远方言总不同。
若使画师描作画， 画师应道画难工。

註

* 唐寅: 字, 伯虎. 子長. 號, 六如. 明代 畵家, 文學者.
  詩書에 뛰어난 吳中四才子 중 1人.
* 金剛山: 강원도 일대에 자리한 名山으로서 1万 2千峰.
* 陰瀑曲: 바위 밑으로 흐르는 폭포의 소리는 자연의 교향곡처럼 들린다.
* 海端東: 바다는 水平線밖에 보이지 않는다. 그 너머로 육지가 보일 때 방위를 더 잘 알 수 있다.

巡觀 金剛山

恒山 金裕赫

(唐寅 詩의 中雄東同工 운자에 맞추어 지음)

金剛風物在山中　奇石怪峰蓋傑雄
臨谷多聞陰瀑曲　登嵬坐見海端東
到處詩感難盡筆　滿腔餘興與誰同
騷客醉光忘返路　此非神作豈人工

뜻풀이

금강산의 모든 경치가 그 산 중에 담겨있구나
빼어난 돌과 뛰어난 봉우리는 모두 다 영걸이로세.
골짜기에 들어가 음폭에 흐르는 물소리 많이 듣고
높은 뫼에 올라앉아서 바다 끝 동쪽을 바라보노라.
가는 곳마다 복받치는 시흥을 붓으로 옮기기 어렵고
가슴 뿌듯이 느껴지는 여흥을 뉘와 더불어 함께하랴.
풍류객은 풍광에 취하여 돌아 갈 길조차 잊고 있으니
이것이 신의 작품 아니고 어찌 사람이 만들었다 하랴?

杂 诗

薛 蕙

(韻字: 妨 盲 望 黄 方)

富贵使心惑， 嗜欲致行妨。
宴安损性灵， 美疢生膏肓。
吾观古来士， 高躅互相望。
首路或暂同， 中道何苍黄。
班生嗣前烈， 马融遁远方。

註

* 薛蕙: 明代 詩人
* 分數: 사람마다 지녀야할 사회적 지위(status)에 걸맞은 직분과 역할.
* 妄言: 事理에 맞지 않는 말로서 普通正常人의 상식에서 벗어나는 말.

訓 兒

恒山 金裕赫

(薛蕙 詩의 妨盲望黃方 운자에 맞추어 지음)

心無從誘惑　學路豈迷妨
立志如石者　有誰自作盲
各盡其分數　竟必達希望
妄言難保信　失德返蒼黃
率身先守則　到處可明方

뜻풀이

배우기를 좋아하면 뜻한 바를 방해받을 리 없거늘
뉘라서 스스로를 눈 봉사와 귀머거리로 만들어 갈 소냐?
모든 사람이 각자 스스로의 분수를 잘 지켜간다면
반드시 저마다의 희망을 끝내 이루어 갈 수 있을 것이로세.
말을 함부로 하면 사회적으로 신의를 간직해 가기 어렵고
덕성을 잃으면 인간의 심지(心地)는 창황하게 변한다.
일상생활에서 도리를 먼저 지켜갈 것을 몸소 실천하면
가는 곳마다 어디서나 옳은 길을 밝혀갈 수 있으리라.

塞上曲

敖 英

(韻字: 沙 茄 斜 家)

无定河边水， 寒声走白沙。
受降城上月， 暮色隐悲笳。
玉帐旌头落， 金微雁阵斜。
几时征战息， 壮士尽还家？

註

* 敖英: 明代 詩人
* 蟠龍: 용이나 뱀이 몸을 서리고 있는 모습.
* 胡笳: 옛 날 서역에서 유행하던 관악기의 일종.
* 群興: 여럿이 어울릴수록 느껴지는 흥겨운 마음.
* 水上家: 강물 위를 떠다니면서 영업하는 음식점.

江 亭

恒山 金裕赫

(敎英 詩의 沙笳斜家 운자에 맞추어 지음)

山河蟠龍動　白鷺下明沙
江亭多騷客　團坐醉胡笳
勸酒詩相樂　不知日欲斜
群興誰能挽　更登水上家

뜻풀이

산과 하천은 몸을 구불거리며 움직이는 용과 같은데
백로는 한가롭게 밝은 모래밭에 내려앉는구나.
강가에 있는 누각에는 풍류객들이 모여드는데
서로 둘러앉아서 호가의 가락에 취해들고 있다네.
술을 권하고 시를 읊으며 서로 어우러져 즐기는 가운데
해가 이미 서쪽 산에 기운 것조차 모르고 지냈구려.
서로 어우러져 즐기는 흥을 누가 만류할 수 있으랴?
여흥을 이기지 못해 다시 물 위에 떠 있는 주점에 오르노라.

思田园

蔡 羽

(韻字: 時 思 茨 誰 支 藜)

南方树艺早， 嘉蔬当及时。
王官凿冰罢， 忽起田园思。
东郊织台笠， 西郭编茅茨。
田家不辛苦， 衣食更待谁？
曳裾京华尘， 徒自隳四支。
三江绿烟起， 何时伫杖藜？

註

* 蔡羽: 明代 詩人
* 布告鳥: 뻐꾹새를 지칭하는 말. 새 우는 소리 그대로를 표현한 것.
* 田事: 농촌에서 농업을 경영하기 위한 전답에서 벌리는 일.
* 干支: 10干 12支로 형성되는 60甲子를 말함.

思 農村田園

恒山 金裕赫

(蔡羽 詩의 時思茨誰支藜 운자에 맞추어 지음)

布告鳥聲出　應知田事時
春初當遠慮　年計欲深思
勤業能成富　怠穡返盛茨
人聚都城邑　營農將與誰
運再欲測歲　注意占干支

뜻풀이

뻐꾹새 우는 소리 들려오니
농촌의 일손이 바쁘게 돌아가고 있음을 알겠노라.
봄이 오면 마땅히 농사일정에 대하여 염려하면서
일 년간의 계획을 깊이깊이 생각한다오.
농가에서 땀 흘리며 힘을 쏟으면 부자소리 듣기 쉽지만
씨 뿌리고 김매기를 게을리 하면 전답은 묵어 버린다오.
사람들이 도회지로 몰려가고 있으니
농촌 전원의 영농은 장차 뉘와 더불어 꾸려가야 하나?
한 해의 운세를 다시 헤아려 보기 위하여
조심스럽게 육십갑자 짚어가며 풍년 들기를 기원한다.

寄冯敬叔

沈 鍊

(韻字: 留 秋 愁 州)

同作他乡客， 嗟予更滞留。
关山明月夜， 边塞白云秋。
汉阙孤臣梦， 胡笳万里愁。
桑乾河水近， 知是忆并州。

註

* 沈鍊: 明代 詩人
* 局: 지형지세가 지니는 형국이라는 뜻임.
* 公州: 계룡산이 자리한 지역으로서 公州는 통일신라 이후 五小京의 하나임.

鷄龍山

恒山 金裕赫

(沈鍊 詩의 留秋愁州 운자에 맞추어 지음)

鷄飛龍動局　於茲欲將留
花鳥三春景　楓光九月秋
會友頻弄筆　作詩解客愁
莫言閑隱士　探趾學公州

뜻풀이

계룡산은 닭이 날고 용이 꿈틀거리는 형국이라니
장차에는 여기에서 거주하고 싶구나.
꽃이 피고 새들이 날으는 모습은 이 곳 봄철의 경치요
산과 들을 물들이는 단풍의 모습은 가을의 풍치로세.
벗들과 자주 모여서 글을 쓰고 그림을 감상하며
아울러 시를 읊어가면서 나그네 시름을 풀어간다오.
이렇게 살아가는 것을 은둔자의 생활이라 말하지 마소
이 곳 사적지를 찾아서 유서 깊은 공주를 공부한다오.

平壤拜箕子墓并访井田遗迹

魏时亮

(韻字: 東 同 風 宮)

禹范留西土， 孤臣独向东。
道无浮海叹， 义与采薇同。
旧井存殷画， 遗黎尚古风。
荒邱平壤外， 麦秀想遗宫。

註

* 魏時亮: 明代 詩人
* 商受: 殷나라를 멸망으로 이끈 마지막 왕인 紂를 말함.
* 箕公: 주왕에게 폭정을 중지할 것을 직간하다가 죽음을 피해 삼천 명의 무리를 이끌고 평양에 이르러 箕子朝鮮을 세웠다고 한다.
* 種柳: 버드나무를 심었다는 뜻이다. 평양에 온 기자는 현지주민들의 성격이 난폭함을 한탄하고 그것을 고쳐가기 위하여 거리에 야들야들한 버드나무를 심게 함으로서 서로 부드럽게 살아가도록 유도했다고 한다. 그런 연유에 의하여 지금도 평양을 일컬어 柳京이라 부르게 되었다고 전한다.
* 孔丘: 孔子의 이름을 말한다. 이름은 丘요, 字는 仲尼다.

往 平壤

恒山 金裕赫

(魏時亮 詩의 東同風宮 운자에 맞추어 지음)

商受忘仁德　箕公獨進東
以法明倫道　崇和作大同
撫民宣善政　種柳振柔風
丘欲居其處　有誰覓故宮

뜻풀이

은나라 마지막 왕인 商受가 어질지 못하고 덕을 잃게 되자
기자는 홀로서 동쪽에 있는 한반도 땅을 향해서 떠나갔다.
사람으로서 지켜 가야할 윤리도덕을 법으로서 밝히고
대화합을 숭상하여 대동단결하는 풍토를 조성했다네.
백성들을 어루만지며 좋은 정치를 펴가는 한편
버드나무를 많이 심어 부드럽게 살아가도록 깨우쳐 줬다.
공자도 여러 번 말하기를 조선 땅에서 살고 싶다 했다는데
뉘라서 그 당시 기자가 집정하던 고궁을 찾아낼 수 있을까?

居庸关

谢 棒

(韻字: 兒 時 廻 旗)

控海幽燕地， 弯弓豪侠儿。
秋山牧马处， 朔塞用兵时。
关长鸟度迟， 岭断云飞迴。
当朝有魏尚， 复此驻旌旗。

註

* 謝榛: 明代 詩人(1495-1575). 字, 茂秦. 號, 四溟. 사명시화. 四溟山人集10卷.
* 白山: 白馬山을 말함. 강원도 鐵原地方에 있는 高地(3950야드, 휴전 후 측정 결과 양측 포화에 의해 3750야드로 낮아졌음을 확인)로서 최대 격전지였음. 필자는 백마고지 전투의 시작에서부터 휴전이 성립된 1953년 7월 27일까지 백마부대(9사단 30여대: 6037부대)에서 복무.
* 石紋碑: 부대의 기를 돌에 새겨서 나타내고 있는 標石.

白馬高地戰鬪

恒山 金裕赫

(謝榛 詩의 兒時廻旗 운자에 맞추어 지음)

白山爭奪戰　欲作好男兒
敵侵咫尺隙　我在死生時
陽攻陰襲裏　血友幾人廻
老而尋舊趾　但見石紋旗

뜻풀이

백마고지를 빼앗기 위한 전투는 격렬해져 가는데
나는 나름대로 용감무쌍한 사나이 되기를 원했다.
적은 언제나 아군 쪽으로 다가와 지척 간에 있으니
나는 언제나 죽음과 삶의 갈림길에서 싸워야했다.
낮엔 공격하고 밤엔 습격하는 전투를 거듭하는 가운데
피를 흘려가며 싸우는 전우는 몇이나 살아서 돌아올까?
늙어서 옛 격전지가 남긴 흔적을 찾아보려고 갔더니
다만 돌에 새겨진 옛 부대 기(旗)만을 보고 돌아왔노라.

赠西人利西泰

李 贽

(韻字: 溟 征 程 城 明)

逍遥下北溟，逶迤向南征。
刹刹标名姓，山山记水程。
回头十万里，举目九重城。
观国之光未，中天日正明。

註

* 李贊: 明代 詩人
* 國難: 나라가 전쟁 등에 휘말려 어지럽고 백성들의 살림이 궁핍해진 상태를 말함.
* 歲首: 새로운 한 해가 시작되는 정월 초를 말한다.
* 釜城: 부산시를 말함. 釜山市를 중국식 표현을 빌린다면 釜山城이다.
* 梅辰: 겨울이 가기 전에 2월경에 눈 속에서 꽃 망울을 터트리는 매화를 2월의 상징이라 하여 2월을 梅辰이라 부르기도 한다.

一四後退

恒山 金裕赫

(李贊 詩의 征程城明 운자에 맞추어 지음)

國難何不息　從隊向南征
寒雪三冬節　行軍萬里程
歲首離京都　梅辰到釜城
物乏人多處　空天月獨明

뜻풀이

나라를 위태롭게 하는 혼란은 어찌하여 끝이지 않는가
나는 방위군 부대 따라 남쪽을 향해서 가고 있었다.
때는 모진 찬바람 휘몰아치는 겨울철 이었지만
걷고 또 걸어서 먼 길도 마다하지 않고 밤낮 걸었다오.
정월 초인 1월 4일에 내가 살던 곳을 떠나서
매화가 꽃봉오리 터트리는 2월에서야 부산에 닿았다오.
먹을 것 없어 괴롭고 피난민 몰려와 뒤끓는 판이었는데
밤이면 외로운 달만이 홀로서 빈 하늘을 오갈 뿐이었네.

高州杂咏

吴国伦

(韻字: 持 夷 郛 知)

粤南天欲尽， 风气迥难持。
一日更裘葛， 三家杂汉夷。
鬼符书辟瘴， 蛮鼓奏登陴。
遥夜西归梦， 惟应海月知。

註

* 吳國倫: 明代 詩人
* 東夷: 옛날 중국을 중심으로 하여 주변의 나라들을 일컬어 東夷 西戎 南蠻 北狄이라 했다. 한반도는 東夷에 속한다.
* 江涯: 메콩 강 일대에 형성된 강 언덕의 자연환경.
* 隱塞: 숨겨져 있는 비밀요새.
* 岳陵: 安南山脈 일대에 형성되어있는 자연 石蜂.
* 城郛: 城의 모습을 지닌 것,

越南戰線

恒山 金裕赫

(吳國倫 詩의 持夷郛知 운자에 맞추어 지음)

越山渡水戰　安保豈維持
或問何處國　我陣自東夷
江涯多隱塞　岳陵作城郛
民求安定世　其日正難知

뜻풀이

산을 넘고 물을 건너 싸우는 전투가 이어져 가는데
안전보장을 어떻게 유지해가야 할는지 궁금할 뿐일세.
가끔 어떤 이는 어디서 왔느냐고 나에게 묻기도 하는데
나는 그 때마다 한국 "따이한"에서 왔노라고 했다.
강 언덕에는 찾아내기 어려운 비밀 요새지도 많고
산 능선에는 바위굴 그 자체가 성곽이며 비밀소굴이었네.
그 곳 시민들은 안정 사회 되찾기를 바라고 있지만
그런 날이 언제 올는지 참으로 알 수 없어 안타까워라.

盘山绝顶

戚继光

(韻字: 哀 開 來 才 台)

霜角一声草木哀， 云头对起石门开。
朔风虏酒不成醉， 落叶归鸦无数来。
但使玄戈销杀气， 未妨白发老边才。
勒名峰上吾谁与？ 故李将军舞剑台。

註

* 戚繼光: 明代 詩人
* 普德窟: 금강산 높은 봉우리에 자리한 암자.
* 天臺: 천연적으로 만들어진 명당.

登 普德窟

恒山 金裕赫

(戚繼光 詩의 開來才臺 운자에 맞추어 지음)

登高再上壘　天地眼前開
碧海連雲合　遠風四面來
雷雨幾何歲　巖樓誇堅才
懸空情未盡　終日樂天臺

뜻풀이

높은 곳에 올라 다시 정봉頂峰에 올라보니
하늘과 땅이 한 눈 앞에 거침없이 열리는구나.
푸른 동쪽 바다는 구름과 어우러져서 하나가 되고
멀리서 불어오는 바람은 사면풍四面風인 듯하다.
우뢰와 폭풍우를 몇 해나 견디고 이겨냈는가?
보덕굴을 떠받치고 있는 재목들은 튼튼하게 보인다.
공중에 매달린 듯한 보덕굴을 떠나기 아쉬워서
하루 종일 머물며 그 곳 풍광을 즐기곤 했다오.

怀陈将军同甫

徐 渭

(韻字: 戎 雄 中 空 風)

飞将远从戎，翩翩气自雄。
椎牛千嶂外，骑象百蛮中。
铜柱华封尽，昆明汉凿空。
雁飞真不到，何处寄秋风。

註

* 徐渭: 明代 文人(1521-1593). 字, 文齊. 文長.
  號, 青藤道士. 天池山人. 戲曲. 徐文長集.
* 安重根: 1910.10.26. 중국 하얼빈 역두에서 침략의 원흉 伊藤博文을 총격 사살하고 旅順감옥에서 "獄中自傳"을 써서 남긴 독립운동가(1879.9.2-1910.3.26).

安重根 義士

恒山 金裕赫

(徐渭 詩의 雄中空風 운자에 맞추어 지음)

見義授其命　是人眞英雄
發銃除魁首　擲身敵列中
壯聲呼祖國　萬歲振蒼空
日月多遷久　難忘一陣風

뜻풀이

의를 보고 자신의 목숨을 초개처럼 던졌으니
이런 사람이 진정한 영웅이로세.
총을 쏘아 적의 우두머리를 제거해 버리고
몸을 던져 적진으로 뛰어들기를 머뭇거리지 안 했네.
장엄한 목소리로 나의 조국 대한을 외치던 그 절규와
대한독립만세! 부르짖음 소리가 함께 창공을 울렸네.
세월이 많이 바뀌어 이미 오래 된 일로 기억되지만
어찌 잊으랴! 하얼빈역두에서 벌어진 그날의 일진풍을!

2장 대운시(對韻詩) (下)

2章 對韻詩 一覽表 (2)

順	題 者	詩題(明代)	韻 字	詩題 (現在)	題 者
32	沈明臣	凱 歌	兵·明·聲	越南密林月夜	金裕赫
33	王稚登	聞 警	潺·山·關·還·顔	仁旺山	”
34	黃洪憲	山海關	瀛·京·兵·明·纓	山海關	”
35	湯顯祖	送別劉大甫	鳴·生·行	惜 別	”
36	徐 熥	郵亭殘花	寒·殘·看	殘 雪	”
37	陶望齡	沛縣過高祖廟	多·河·歌·何	思 漢高祖	”
38	高攀龍	夏日閑居	言·閑·間·山·然·還	老客作友	”
39	區大相	南行感懷	除·輿·虛·何	客 愁	”
40	歸子慕	雜 詩	端·安·殫·觀·寬	自警自說	”
41	鍾 惺	秋陵桃葉歌	羞·游·頭	紅桃歌	”
42	李流芳	黃河夜泊	場·荒·長·鄉	黃河有感	”
43	程嘉燧	登 樓	愁·頭·樓	鄉 愁	”
44	周永年	吊淮阴侯	警·情·爭·生	弔 鳥死	”
45	宋登春	秋日野望	心·深·林·今	秋日野望	”
46	徐石麒	望 匡廬	天·船·泉·錢	醉 金剛山	”
47	蔣 燦	題杜少陵像	傳·鷗·船·蓮	草堂參拜	”
48	蔣 燦	續上	看·官·難·安	續 草堂參拜	”
49	姜 埰	赴戍宣州衛	間·還·攀·山	回顧狙擊陵線	”
50	夏完淳	別雲間	冠·寬·難·看	白頭山天池	”
51	鄺 露	洞庭酒樓	家·槎·沙·花	野 菊	”
52	葉 襄	感 舊	時·遲·師·支	感 舊	”
53	鄭夢周	望 景樓	横·情·城·生·京	故 宮	”
54	李 穡	早 行	分·聞·雲·群	早朝觀日	”
55	金九容	江 水	回·開·來·臺·哀	江 村	”
56	鄭道傳	重 九	窮·重·峰	重陽節	”
57	成石璘	送人之金剛山	峰·同·紅	金剛山	”
58	鄭希良	漫 書	悠·流·樓·秋·頭	長白山	”
59	申叔舟	寄 權正卿	盈·名·生·明	書友惜別	”
60	崔應賢	次慶州壁上韻	春·新·人	慶州有感	”
61	申光漢	游漢江	臺·埃·來·開·盃	漢江閒步	”
62	許 葑	感 遇	松·踪·冬·忡	獨 白	”

凯 歌

沈明臣

(韻字: 兵 明 聲)

衔枚夜度五千兵，
密领军符号令明。
狭巷短兵相接处，
杀人如草不闻声！

註

* 沈明臣: 明代 詩人
* 三更: 오후 11:00부터 다음날 오전 01:00까지의 시간.
  一更: 19:00부터 21:00까지이며.
  二更: 21:00부터 23:00까지이며.
  三更: 23:00부터 01:00까지이며.
  四更: 01:00부터 03:00까지이며.
  五更: 03:00부터 05:00까지다.
* 八宿: 二十八宿의 줄인 말.(東의 7星座, 南의 7座星, 西의 7座星, 北의 7星座)
* 南國: 월남을 지칭하는 말.
* 夜林: 밤의 밀림.

越南密林 月夜

恒山 金裕赫

(沈明臣 詩의 兵明聲 운자에 맞추어 지음)

三更八宿似軍兵
南國唯看夏月明
夜林恐懼誰能斥
稀鳥怪虫共發聲

뜻풀이

밤하늘 28자리 별의 모습은 진을 친 병사와도 같은데
가을 없는 남쪽 월남에서는 여름 달만을 볼 뿐이로세.
밀림의 밤을 누비는 공포를 누가 물리칠 수 있으랴?
괴상한 밀림의 새들과 벌레들만이 밤새워 울어대는구나.

闻 警

王穉登

(韻字: 潺 山 關 還 顏)

交河十月水潺潺，　虏骑秋高过黑山。
六郡平时元近塞，　一夫谁个可当关？
云中太守须重起，　日逐贤王未肯还。
空抱平胡二三策，　书生无计谒龙颜。

註

* 王穉登: 明代 詩人
* 蓮朶: 연꽃 떨기라는 뜻.
* 鎭關: 군사적 용어이며 동시에 지리적 용어이기도 하다. 즉 방파제 기능을 한다는 뜻임.
* 俊雄: 뛰어난 능력을 지닌 것으로 인정받고 있는 사람.
* 無顏: 볼 낯이 없다는 뜻임.

仁旺山

恒山 金裕赫

(王稚登 詩의 潺山關還顔 운자에 맞추어 지음)

岩間幽谷水潺潺　人跡相連可覆山
南山似帽成蓮朶　北岳如屛作鎭關
過日俊雄何處去　隱居志士豈非還
民欲求安難事積　尙無快答正無顔

뜻풀이

바위산 계곡의 물이 잔잔히 흐르며 신비함을 귀띔하고
사람들의 발길이 이어지자 인왕산은 인파로 뒤덮이네.
남산은 모자와 같아서 한 떨기 연꽃 봉오리를 이루고
북악산은 병풍처럼 누어서 바람 막아주는 관진 만들었네.
지난 날 인정받던 인걸들은 다 어디가고 없단 말인가?
세상 뒷전에서 살고 있는 志士들은 왜 돌아오지 않느뇨?
백성들은 평안하기를 원하지만 어려운 일 너무도 많아
아직 시원스런 해답을 못 주고 있어 참으로 볼 낯 없다오.

山海关

黄洪宪

(韻字: 瀛 京 兵 明 缨)

长城古堞俯沧瀛，　百二河山拥上京。
银海仙槎来汉使，　玉关秋草戍秦兵。
星临尾部双龙合，　月照平沙万马明。
闻道辽阳飞羽急，　书生急欲请长缨。

註

* 黃洪憲: 明代 詩人
* 滄瀛: 이는 창주와 영주라는 뜻이지만 여기서는 글자의 뜻대로 큰 바닷물임을 나타냄.
* 孟家: 孟姜女의 뜻임. 맹강녀는 맹씨와 강씨의 양가의 보살핌을 받아 자라났다. 자라서 그녀는 두 집의 어른을 다 부모처럼 부양하면서 효성을 다했다. 그의 이름이 맹강녀라 불리게 된 것은 여기에서 연유한 것이다. 그러나 그는 뒷날 그녀의 남편이 만리장성 노역장으로 끌려갔다가 무너진 성 밑에 깔려 죽었다. 그 부군을 찾아다니다 성벽이 무너진 그 곳에서 통곡하자 그 사실이 진시황에게 보고되었다. 처음에는 그를 죽이려 했지만 뛰어난 미모 때문에 죽이지 않고 후궁으로 삼기로 했다. 그러나 맹강녀는 조건이 있었다.
  즉 남편의 유골을 산해관 바다에 뿌릴 수 있도록 해주고 진시황을 위시한 문무백관이 조문객으로서 나의 뒤를 따를 것을 요구했다. 그처럼 정중한 장례를 지내고 마지막 순간 남편의 유골과 함께 바다에 투신하여 자결했다. 후일 그녀의 정절을 기리기 위하여 그 곳에 정각을 새웠으니 그것이 오늘에 전해지고 있는 "천하제일의 명루"인 것이다.
* 海關: 山海關을 말함. * 旌閣: 천하제일의 名樓. * 兩冠纓: 갓끈, 모자 끈.

山海關

恒山 金裕赫

(黃洪憲 詩의 瀛京兵明纓 운자에 맞추어 지음)

上樓閑坐望滄瀛　回憶孟家動帝京
埋散夫魂何處隱　斷腸哀訴泣城兵
海關北水星光濕　旌閣東天月色明
鵑鳥長啼難作夢　倚窓撫觸兩冠纓

뜻풀이

누각에 올라 조용히 앉아서 푸른 바다 물을 바라보며
맹강녀가 진시황의 도성을 흔들었던 일을 되뇌어 본다.
무너진 성에 깔려 죽은 님의 혼백은 어디 묻혀있나요?
애절한 맹강녀 울음소리에 온 장병이 눈물에 젖어드네.
해관 북쪽의 바다엔 별빛이 물에 젖은 듯이 보이고
누각 동쪽 하늘엔 외로운 달빛만이 무심히 비치누나.
두견새가 밤을 지새가며 울어대니 잠을 이루기 어려워
창가에 기대어 모자 양쪽에 늘어진 끈만을 매만지노라.

送别刘大甫

汤显祖

(韻字: 鳴 生 行)

欲别悲歌鸡又鸣，
白头无计与书生。
恩仇未尽心难死，
独向田横岛上行。

註

* 湯顯祖: 字, 義仍. 號, 若士, 海若, 玉茗. 明代末 문학자 (1550-1616). "玉茗堂四夢"이라 불리는 紫釵記. 牧丹亭, 南柯記, 邯鄲은 明代 戲曲의 대표적 걸작품으로 알려져 있음.
* 田舍: 시골마을이라는 뜻임.
* 不顧: 뒤돌아보고 보살펴야 할 것을 피한다는 뜻임.

惜別

恒山 金裕赫

(湯顯祖 詩의 鳴生行 운자에 맞추어 지음)

花開草綠鳥爭鳴
蝶舞蜂歌樂自生
田舍風光千古畵
君何不顧向京行

뜻풀이

꽃이 피고 초목이 푸르며 새들이 다투어 우지지는데
나비가 춤을 추고 벌이 노래하여 즐거운 맛 절로 난다.
고향의 시골 풍경은 오래 오래 변치 않는 그림이거늘
그대는 어찌하여 뒤돌아보지도 않고 서울로 가려는가?

邮亭残花

徐 熥

(韻字: 寒 残 看)

征途微雨动春寒,
片片飞花马上残。
试问亭前来往客,
几人花在故园看。

註

* 徐熥: 明代 詩人
* 孤松: 소나무는 숲을 이룬다. 그러나 마을 고갯마루 또는 洞口에 서있는 소나무 거의 老松으로서 그 기품도 당당한 落落長松이다. 낙락장송은 거의가 홀로 또는 몇 구루 안 되는 모습으로 서 있는 경우가 많기 때문에 그런 모습을 가리켜 흔히 孤松이라 일컫는다.
* 耐寒: 추위를 참아 이겨낸다는 뜻.
* 殘雪: 겨울이 지나간 다음에도 그늘 진 이곳저곳에 녹지 않고 남아 있는 눈을 말함.

殘 雪

恒山 金裕赫

(徐熥 詩의 寒殘看 운자에 맞추어 지음)

北嶺孤松獨耐寒
春光遲到雪猶殘
雁陣已歸梅欲發
鄕村變貌燕難看

뜻풀이

북녘 고갯마루의 소나무는 혼자서 추위를 이겨내는데
봄빛은 왜 늦장을 부리나, 눈이 오히려 남아 있도다.
기러기 돌아가자 매화가 피어나려 봉오리 터트리는데
농촌 마을 모습이 변해서인지 제비무리 보기 어렵구나.

沛县过高帝庙

陶望龄

(韻字: 多 河 歌 何)

路经旧沛山川古， 龙起中原战斗多。
一代雄图开赤帝， 千秋遗庙傍黄河。
云归尚识真人气， 风起犹传猛士歌。
魂魄来游长此地， 汉宫秋色近如何？

註

* 陶望齡: 明代 詩人
* 漢祖: 천하장사 項羽와의 결전하여 부전승하고 漢時代를 연 劉邦을 말함.
* 泰斗: 땅에서 제일 높은 산과 하늘에 뚜렷이 자리하고 있는 북두칠성을 말하는 것임.
* 雨露: 백성에게 베푼 임금의 은혜는 비와 이슬과 같다 하여 이를 雨露之澤이라 함.
* 楚歌: 四面楚歌의 줄인 말.
* 機微: 징후 또는 낌새라는 뜻임.

思 漢高祖

恒山 金裕赫

(陶望齡 詩의 多河歌何 운자에 맞추어 지음)

漢祖偉容泰斗像　惠民雨露亦豊多
與人開道秉賢智　明世文流作大河
用弓制勢非良戰　呼謠攻心是楚歌
如斯古訓皆爲鑑　未覺機微是奈何

뜻풀이

한고조의 위대한 모습은 태산북두와도 같으며
백성에게 베푼 은덕도 또한 풍요롭고 다양하다오.
사람들과 더불어 길을 열어가되 어진 이를 중용하고
세상을 밝힌 문화풍류는 문명의 큰 강을 이루었네!
무기를 써서 형세를 잡는 것은 좋은 전법이 아니기에
민요로써 적군의 마음을 공격했으니 그것이 초가로세.
이러한 것들이 모두 옛사람들이 남겨준 보감이건만
그 낌새조차 알아차리지 못하고 있으니 이 어찌하랴?

夏日闲居

高攀龍

(韻字: 言 閑 間 山 然 還)

长夏此静坐， 终日无一言。
问君何所为？ 无事心自闲。
细雨渔舟归， 儿童喧树间。
北风忽南来， 落日在远山。
顾此有好怀， 酌酒遂陶然。
池中鸥飞去， 两两复来还。

註

* 高攀龍: 字, 存之. 謚, 忠憲(1562–1626). 明末學者, 정치가. 實學主義주창(高子遺書).
* 鵑花: 두견화를 말함. 진달래꽃이라고도 하며 또는 창꽃이라 부르기도 함.

老客作友

恒山 金裕赫

(高攀龍 詩의 言閑間山然還 운자에 맞추어 지음)

問津渡水處　老客笑無言
忽請竝坐畔　共樂酒談閑
燕滑淸江面　舟行兩岸間
春風輕打樹　白日欲傾山
鵑花誇艶色　石壁尙依然
難忘如此事　更約復來還

뜻풀이

강 나루터에 가서 물 건너는 곳을 물었더니
늙은 나그네 웃으면서 한 마디 말도 하지 않는구나.
갑자기 내 곁에 다가와 손을 잡고 강둑으로 가 앉더니
술이나 한잔 하면서 담소나 즐기자 하는구나.
제비 무리는 맑은 강의 수면을 미끄러져 가듯이 날고
나룻 배는 홀로서 양쪽의 언덕을 쉬지 않고 오가누나.
봄바람은 불어와서 가볍게 나무를 흔들어대는데
태양은 어느새 서산으로 기우러져 가고 있구나.
여기저기 만발한 진달래꽃은 어여쁜 모습을 자랑하는데
강가의 위태로워 보이는 절벽은 예나 다름없구나.
이처럼 아름다운 하루의 사연을 잊기 어려워서
우리는 이 곳에 돌아와서 다시 만날 것을 언약했노라.

南行感怀

区大相

(韻字: 輩 除 輿 虛 何)

闻道貂珰辈， 由来为扫除。
先朝烦镇守， 重任典方舆。
贡采山川竭， 征输井邑虚。
明明皇祖训， 宫府意如何？

註

* 區大相: 明代 詩人
* 南國: 남쪽지방이라는 뜻임.
* 客愁: 나그네 시름.
* 水輿: 水上車로서 이는 發動船을 말함.
* 家報: 고향의 집에서 오는 소식을 말함.
* 慕情: 그리워서 만나보고 싶은 정이라는 뜻.

客 愁

恒山 金裕赫

(區大相 詩의 除輿虛何 운자에 맞추어 지음)

詩酒宜相樂　客愁欲斥除
南國多佳島　旅人好水輿
大海連天碧　可知兩極虛
家報雖無絶　慕情是奈何

뜻풀이

시와 술을 함께 할수록 서로가 즐거워
객지에서일수록 시름을 물리쳐 주니 말이로세.
남쪽지역 바다에 가면 아름다운 섬들이 많아서
그 곳을 찾는 나그네들은 물 위를 달리기 좋아한다.
멀리 보이는 바다는 하늘과 하나 되어 푸르니
하늘의 끝과 바다의 끝이 함께 비어 있음을 알겠노라.
집에서 전해오는 소식은 끊기지 않고 이어지지만
보고픈 그리운 정은 어떻게 달래야 하나...?

杂 诗

归子慕

(韻字: 端 安 殫 觀 寬)

日出群动作，　智计千万端。
用此徒为劳，　不用殊为安。
所繇在有身，　坐令思虑殚。
所以古贤达，　与物同一观。
俯仰放怀抱，　宇宙何其宽！

註

* 歸子慕: 明代 詩人
* 常道: 당연히 존중되고 지켜져야 할 도리를 말함.
* 力相殫: 최선의 힘을 서로 다 쏟는다는 뜻이다.

自警自說

恒山 金裕赫

(歸子慕 詩의 端安殫觀寬 운자에 맞추어 지음)

莫嘆常道亂　世事本多端
琴絃雖不均　音調共和安
以言能捕虎　貴在力相殫
人蓋有心界　宇空無外觀
若醉小心物　豈知天地寬

뜻풀이

사회의 도의질서 어지럽다고 너무 한탄하지 말라
원래 세상의 일이란 사단이 많아 복잡한 것이라오.
거문고의 줄은 제각기 달라 서로 고루지 않지만
음조가 다른 줄에서 나는 소리도 함께 화음을 이룬다오.
말로써 호랑이를 잡는다고 떠들어대는 것 보다는
서로가 최선을 다하기 위하여 힘쓰는 것이 더 중요하다.
사람마다 나름대로 마음의 세계를 지니고 있지만
우리 함께 자리하고 있는 우주의 밖은 볼 수 없다오.
만약 큰 것을 보지 못하고 소심증에 빠져들고 있다면
어떻게 하늘과 땅이 넓다는 것을 이해할 수 있으리오.

秣陵桃叶歌

钟 惺

(韻字: 羞 游 頭)

女儿十五未知羞，
市上门前作伴游。
今日相邀佯不出，
郎家昨送玉搔头

註

* 鍾惺: 字, 伯敬(1574-1624). 明末 詩人, 湖北省 天門縣의 同鄕之友 譚元春과 불어 古詩 및 唐詩 選 "詩歸" 51卷을 著述. 그 작품은 隱秀軒集에 수록되어 있음.
* 桃花: 복숭아꽃은 우리고장의 節侯에 따르면 驚蟄이 지나면서 가장 먼저 피는 꽃으로 알려져 있다. 복숭아는 꽃도 아름답거니와 열매도 아름답고 맛도 좋다. 그리고 복숭아 나무는 다른 나무와 접이 잘 붙는다. 그래서 한편으로는 花柳界 여성을 복숭아에 많이 비유한다. "홍도야 울지 마라" 도 그 한 예다. 大學에서도 나오는 句節이거니와 "桃之夭夭 其葉蓁蓁"이라 했다.

紅桃歌

恒山 金裕赫

(鍾惺 詩의 羞游頭 운자에 맞추어 지음)

其實 紅兮! 少女羞
其貌 盛兮! 伴虹游
蓁蓁 葉兮! 孔雀尾
夭夭 桃兮! 童仙頭

뜻풀이

그 열매의 붉은색이여! 소녀의 수줍음 같고
그 모습의 풍성함이여! 무지개 짝지음 같네.
싱그러운 그 잎사귀여! 공작새 꼬리와 같고
아름다운 그 복숭아여! 아기신선 머리 같네.

黄河夜泊

李流芳

(韻字: 場 荒 長 鄉)

明月黄河夜， 寒沙似战场。
奔流聒地响， 平野到天荒。
吴会书难达， 燕台路正长。
男儿久为客， 不辨是他乡。

註

* 李流芳: 明代 詩人
* 文王: 周의 王으로서 仁政을 베푼 대표적인 聖王으로 유명하다. 周武王의 父王이기도하지만 9명의 亂臣을 두고 있었다는 것으로 더욱 유명하다. 亂臣이란 목숨을 아끼지 않고 直諫을 주저하지 않는 신하를 말한다.
* 呂公: 文王에 의하여 발탁되어 武王과 成王 3대에 걸쳐서 盡忠報國한 名臣이다. 呂公은 姜太公望을 말한다. 그의 姓은 姜, 氏는 呂, 이름은 尙이다.
* 渭水: 黃河로 흘러드는 二大支流 중의 하나. 姜呂尙은 여기에서 곧은 낚시를 드리고 물을 학습하던 중 老年에 文王에게 發見되어 登用되었다.

黃河有感

恒山 金裕赫

(李流芳 詩의 場荒長鄕 운자에 맞추어 지음)

百川流入處　黃龍所游場
雨下江心潤　風來水面荒
文王尋賢久　呂公學釣長
自此渭聞世　名傳文武鄕

뜻풀이

온갖 강물이 흘러들어오는 그 곳은
황룡이 즐겨 노니는 장소라 하여 황하인가보다.
비가 내릴 때에는 강의 마음이 윤택해지지만
바람이 불어올라치면 강의 얼굴은 거칠어진다오.
문왕은 인재를 찾으려 오랫동안 고심했는가하면
태공망은 낚시로써 물을 배우느라 긴 세월 보냈다오.
그 때부터 낚시터인 위수(渭)는 세상에 알려지고
그 곳은 성왕의 덕풍이 넘쳐나는 고을로 이름 높다.

登楼

程嘉燧

(韻字: 愁 頭 樓)

少小听歌怕唱愁，
一声楚尾与吴头。
如今身在伤心地，
但见春光莫上楼。

註

* 程嘉燧: 明代 詩人
* 客舍: 나그네가 머무는 여관.
* 沈愁: 나그네 시름에 잠겨든다는 뜻.
* 破夢: 잠에서 깨어난다는 뜻.
* 鳩信: 비둘기(傳鳩)가 전해주는 書信이라는 뜻으로서 소식을 의미함.
* 郵閣: 우편국.
* 鄕山: 고향 산천이라는 뜻임.

鄕 愁

恒山 金裕赫

(程嘉燧 詩의 愁 頭樓 운자에 맞추어 지음)

獨留客舍應沈愁
破夢驚然忽擧頭
願聞鳩信尋郵閣
欲見鄕山更上樓

뜻풀이

홀로 객사에 머무니 자주 향수에 잠겨드는구나
졸다가 깨어나 놀라서 문득 머리를 들었노라.
고향 소식 듣고 싶어서 우편국에도 찾아가 보았고
고향 산천을 바라보고자 다시 높은 누각에 올랐노라.

吊淮阴侯

周永年

(韻字: 驚 情 生)

一市人皆笑，　三军众尽惊。
始知真国士，　元不论群情。
楚汉关轻重，　英雄出战争。
何能避菹醢，　垂钓足平生。

註

* 周永年: 明代 詩人
* 讀祝: 축을 읽는다는 뜻. 女童의 기원을 담은 축문을 여기에 소개한다.
  維歲次九月佳辰에 汝何以棄汝之命耶아. 鳥之將死에 其鳴也 哀라, 不知汝死하니 恨未盡이라. 何處復見汝之姿며 何世更聞汝之聲也아. 一去天國再不來어늘 然而希願必相逢이라. 庭樹下에 安葬하니 此後還生하여 享樂來世하라. 合掌.

弔鳥死

恒山 金裕赫

(周永年 詩의 驚情爭生 운자에 맞추어 지음)

窓外童號泣　其時我亦驚
靜坐問何故　難容惻隱情
愛鳥籠中死　欲葬他有爭
作棺樹下埋　讀祝祈還生

뜻풀이

문 밖에서 아이가 흐느끼며 울고 있기에
그 모습을 보는 순간 나도 또한 놀랐다.
조용히 데리고 앉아서 무슨 까닭이냐고 물었더니
새가 불쌍해서 아픈 마음 참을 수 없다고 호소한다.
내가 귀여워하던 새가 새장 속에서 죽어 있었어요
장례를 준비하려니까 딴사람들이 뭐라 하니 어쩌지요.
관을 만들고 새를 곱게 싸서 입관하여 나무 밑에 묻고
축을 써서 읽어 주며 그 새의 환생을 기원했다.

秋日野望

宋登春

(韻字: 心 深 林 今)

听鸟众林性， 看云故国心。
地卑湘汉阔， 天远洞庭深。
老马空知道， 穷猿岂择林？
十年书剑客， 寂寞到如今。

註

* 宋登春: 明代 詩人
* 水洲: 물이 괴이거나 들락날락하는 곳.
* 漁翁: 고기잡이를 업으로 삼아 살아가는 사람.

秋日望野

恒山 金裕赫

(宋登春 詩의 心深林今 운자에 맞추어 지음)

水洲鴻雁到　天地滿秋心
階前梧葉落　蘺下菊香深
漁翁耕綠水　騷客樂楓林
如斯風物畵　自古至于今

뜻풀이

물이 있는 곳에 기러기 떼가 몰려드니
온 세상은 어느새 가을맞이 마음으로 가득 차네.
뜰 앞에는 오동나무 잎이 떨어져 뒹굴고
울타리 밑에 심겨진 국화의 향기도 짙어 가는구나.
고기잡이 노인은 푸른 물을 헤쳐가며 다니고
풍류객들은 단풍이 물든 숲을 누비듯이 즐기누나.
이와 같은 우리 고장의 풍경화는
옛부터 지금에 이르기까지 변함없는 모습이라오.

望匡庐

徐石麒

(韻字: 天 船 泉 錢)

突兀此何处？ 匡君庐亘天。
黛浮五老壁， 青如九江船。
慧远林中寺， 康王谷口泉。
苟生今已老， 谁与买山钱？

註

* 徐石麒: 明代 詩人
* 酒泉: 술이 있는 곳을 말함.
* 莫道: 말하지 말라는 뜻.

醉 金剛山

恒山 金裕赫

(徐石麒 詩의 天船泉錢 운자에 맞추어 지음)

奇峰如削立　高聳獨撐天
山外看滄海　眼中入遠船
醉景生詩興　與誰訪酒泉
吟風同樂處　莫道有無錢

뜻풀이

우뚝 선 봉우리는 칼로 깎아 세운 듯이 보이는데
그것은 높이 솟아 하늘을 떠받히고 있구나.
산 밖으로 눈길을 돌리니 푸른 바다가 보이고
바다가 눈 아래 열리니 멀리 떠 있는 배들도 보이네.
경치에 취하니 시흥이 절로 솟구쳐 오르는데
뉘와 더불어 술 있는 곳을 찾아 갈까?
풍월을 읊으며 함께 즐기려 하는 자리에서는
돈이 있다 없다 말하지 마소.

题杜少陵像

蒋 灿

(韻字: 傳 鵑 船 蓮)

谁貌杜陵老？ 忧怀笔底传。
雕残悲瘦马， 慷慨拜啼鹃。
作客依江阁， 浮家寄楚船。
高才同濩落， 千古有青莲。

註

* 蔣燦: 明代 詩人
* 草堂: 成都에 있는 杜甫의 住處地.
* 詩聖: 韻律과 詩格에 맞추어 짓는 杜甫를 詩聖이라함.
* 紙船: 종이배.

草堂問候

恒山 金裕赫

(蔣燦 詩<1>의 傳鵑船蓮 운자에 맞추어 지음)

草堂再拜謁　欲學聖詩傳
閑讀唐書篇　有聞夜杜鵑
幽塘浮綠葉　送水作紙船
汚濁風塵世　靜觀一朶蓮

뜻풀이

두보의 초당을 다시 찾아 참배하면서
주옥처럼 전해지고 있는 시성의 가르침을 배우려 합니다.
조용히 당나라 시대의 서적을 읽고 있을 무렵
밤새 울어대는 두견새 소리는 끝일 줄 모르누나.
아침나절 경내의 연못에서 연잎을 헤아리며
종이배를 접어서 물에 띄워 보내곤 한다.
혼탁한 물처럼 맑은 데라고는 찾아보기 힘든 풍진 세상에
고요히 앉아서 한 떨기 연꽃의 우아함을 살펴보노라.

題 杜少陵像 (續)

蔣 燦

(韻字: 看 官 難 安)

大雅长往矣， 遗容后代看。
万间思广厦， 一谏失微官。
抗志隆中对， 饥驱蜀道难。
萧骚两鬓白， 应为忆长安

註

* 蔣燦: 前提詩 참조.
* 汚報: 아름답지 않은 反道義的 기사 보도.
* 莫喧: 시끄럽게 떠들지 말라는 뜻.
* 己癖: 버리거나 고치지 못하는 나쁜 버릇.

草堂問候 (續)

恒山 金裕赫

(蔣仙 詩<2>의 看官難安 운자에 맞추어 지음)

有恨賢傳貴　古書讀又看
隨時多汚報　何處覓良官
莫喧誇己癖　先覺得人難
相勸求聞道　化民世自安

뜻풀이

어진 옛 님들의 기록이 드물다는 것을 아쉬워하며
옛 책을 읽고 또 보고 다시 읽노라.
때때로 들려오는 소식은 좋지 않은 것이 더 많으니
어디에 가야 어질고 착한 관리를 만날 수 있을까?
제자랑 하는 버릇 앞세워 시끄럽게 떠들지 말고
인재 발굴하는 일이 얼마나 어려운가를 먼저 뉘우치소.
바른 길 찾아가기를 서로 권장한다면
백성을 교화하게 되어 세상은 절로 평안해 질 것이로세.

赴戍宣州卫

姜 埰

(韻字: 間 還 攀 山)

垂死承恩谴， 天威咫尺间。
荷戈荒徼去， 收骨瘴江还。
衮职犹思补， 龙髯竟绝攀。
桥陵千滴泪， 独在敬亭山。

註

* 姜埰: 明代 詩人
* 狙擊陵線: 강원도 금화지구에 자리한 산으로서 전투가 매우 치열했었음.
* 頂峰: 작전상 要塞가 되는 主峰을 말함.
* 來玆: 여기에 와서 라는 뜻임.

回顧 狙擊陵線

恒山 金裕赫

(姜垛 詩의 間還攀山 운자에 맞추어 지음)

頻開深夜戰　月照白雲間
陣中多死去　今後幾生還
頂峰將爭奪　要塞更登攀
來茲再想起　當時血鬪山

뜻풀이

야간 전투는 자주 벌어지는데
저 달은 흰 구름 사이를 무심코 오가면서 비치누나.
날마다 전쟁터에서 생명을 바치는 전우들이 많은데
이 전투 끝난 뒤엔 몇 명이나 살아 돌아갈 수 있을까?
정상고지 탈환을 위하여 또 진격하고자
요새지로 다시 올라가곤 했다.
나는 늘그막에 여기에 와서
피 흘려가며 싸웠던 당시 혈전의 고지를 회상해본다.

别云间

夏完淳

(韻字: 冠 寬 難 看)

三年羁旅客， 今日又南冠。
无限河山泪， 谁言天地宽？
已知泉路近， 欲别故乡难。
毅魄归来日， 灵旗空际看。

註

* 夏完淳: 明代 詩人
* 浩然氣: 浩然之氣를 뜻함.
* 虛己: 욕심을 버리고 마음을 비운다는 뜻.
* 天池: 백두산 정상에 형성되어 있는 신비한 호수.

白頭山天池

恒山 金裕赫

(夏完淳 詩의 冠寬難看 운자에 맞추어 지음)

長行登頂上　汗滴脫衣冠
大吸浩然氣　快哉心地寬
虛己蒼空望　渾忘世事難
天池其妙境　後日與誰看

뜻풀이

먼 길 걸어서 백두산 정상에 오르니
땀방울이 흘러내려 모자도 벗고 옷도 벗었노라.
대 우주를 향하여 호연의 기운을 들여 마시니
속이 시원하구나! 그리고 마음도 확 트이는구나!
마음을 비우고 푸른 하늘을 바라보노라면
복잡한 세상의 어려운 일들을 다 잊겠노라.
정상에 괴인 물과 그 절묘한 비경을
다음날부터는 뉘와 더불어 함께 구경을 하게 될까?

洞庭酒楼

邝 露

(韻字: 家 槎 沙 花)

落日洞庭霞， 霞边卖酒家。
晚虹桥外市， 秋水月中槎。
江白鱼吹浪， 滩黄雁踏沙。
相将楚渔夫， 招手入芦花。

註

* 鄺露: 明代 詩人
* 聚散: 모여들었다가 다시 흩어지곤 하는 움직임.
* 橫槎: 옆으로 가로 누운 모양.
* 獨發花: 홀로서만이 꽃을 피운다는 뜻. 이는 국화만이 지니는 傲霜孤節을 의미함.

野 菊

恒山 金裕赫

(鄭露 詩의 家槎沙花 운자에 맞추어서 지음)

湖亭閑坐望　山莊疑仙家
流雲常聚散　夕影欲橫槎
白鷗耕綠水　秋雁下明沙
江岸楓光染　菊維獨發花

뜻풀이

호반에 있는 정자에 한가로이 앉아서 바라보노라면
저 산자락에 보이는 산장은 신선이 사는 곳인가 싶다.
흐르는 구름은 오가며 모였다가 흩어지곤 하는데
석양 노을은 어느새 멀리 빗기고자 하는구나.
흰 물새들은 호수의 푸른 물을 갈고 다니는데
가을 알리며 찾아온 기러기는 모래밭에 내리는구나.
강 언덕엔 뭇 초목이 단풍 빛으로 곱게 물들어 있는데
국화만이 오직 홀로서 꽃을 피우는구나.

感旧

葉 襄

(韻字: 時 遲 師 支)

洛蜀纷争日， 君王宵旰时。
内朝私斗急， 河北捷书迟。
近辅连群盗， 临郊誓六师。
伤心般浩辈， 一蹶竟难支。

註

* 葉襄: 明代 詩人
* 送舊迎新: 묵은 한 해를 보내고 새해를 맞는다는 뜻.
* 屈指: 손꼽아 셈한다는 뜻.
* 干支: 十干과 十二支가 결합하여 형성되는 六十甲子.

感 舊

恒山 金裕赫

(葉裏 詩의 時遲師支 운자에 맞추어 지음)

送舊迎新歲　更添一老時
世事再流去　工夫尙有遲
廻鄕逢故友　團坐憶恩師
欲知過日事　屈指算干支

뜻풀이

묵은 한 해를 보내고 새해를 다시 맞으니
인생도 또한 세월이 더해가는 만큼 늙어만 가는구나.
세상의 모든 것은 흐르고 다시 흘러가는데
어찌하여 나의 공부는 오히려 더디기만 하는가?
고향에 돌아와 어릴 적 옛 친구들과 만나서
두루 모여 앉아 옛 스승님 이야기로 꽃을 피웠네.
그 때 그 시절이 얼마나 아득한 옛일인지 알아보고자
손가락을 꼽으면서 육갑으로 셈을 따져보곤 했다네.

望景楼

郑梦周

(韻字: 横 情 城 生 京)

百尺楼高石径横， 秋光一望不胜情。
青山隐约扶余国， 黄叶纷纭百济城。
九月西风寒客袂， 百年侠骨误书生。
天涯日没浮云合， 回首依依望王京。

註

* 鄭夢周: 高麗時代 忠臣(1337-1392)
* 屛壁: 절벽이 외워 싸여 병풍 모양을 이루고 있다는 뜻.
* 盛時: 가장 융흥했던 시대라는 뜻.

故 宮

恒山 金裕赫

(鄭夢周 詩의 橫情城生京 운자에 맞추어 지음)

山下清江十里橫　佳然絶景古今情
岸厓長臥成屛壁　溪曲廻村作水城
東庭黃菊迎秋發　到處楓光自此生
故宮湖畔多風物　欲見盛時舊王京

뜻풀이

산 아래 푸른 강이 십 리나 멀리 빗겨 흐르니
아름다운 경치의 풍광은 고금으로 통하는 정이로세.
강 언덕은 길게 누운 병풍처럼 절벽을 이루고
강물 구비는 마을을 외워 싸 물의 성곽을 이뤘네.
동쪽 뜰의 국화가 가을을 맞아 피어나니
모든 곳의 단풍이 이 때에 맞추어 물드는구나!
옛 궁터 호반엔 볼만한 유적 유물도 많으니
옛 왕도의 융흥시대를 되뇌어 보고픈 느낌이 든다.

早 行

李 穡

(韻字: 分 聞 雲 群)

凌晨问前路， 晓色未全分。
带月马头梦， 隔林人语闻。
树平连野雾， 风细绕溪云。
异国堪愁绝， 南天无雁群。

註

* 李穡: 高麗時代 學者(1328-1396)
* 籠鷄: 사육장에서 키우는 닭장의 닭은 전깃불 조명 때문에 밤낮을 구별하지 못함.

早朝觀日

恒山 金裕赫

(李穡 詩의 分聞雲群 운자에 맞추어 지음)

籠鷄無報曉　晨夜正難分
山路猶高險　笛聲自遠聞
罷霧易穿谷　登峯能踏雲
日欲東方出　先來塞鴈群

뜻풀이

닭장에 갇힌 닭이 새벽을 알리는 일이 없으니
새벽인지 밤인지를 참으로 분간하기 어렵구나.
산길로 통하는 지름길은 오히려 높고 험하지만
뱃고동 소리는 먼 곳으로부터 들려 오누나.
안개가 걷히니 계곡의 길을 찾아 가기가 쉬워지고
산봉우리에 오르니 구름을 밟을 수도 있구나.
둥근 태양이 동쪽에서 떠오르랴 하는데
산 너머에서 기러기 행렬이 먼저 날아드는구나.

江 水

金九容

(韻字: 回 開 來 臺 哀)

江水东流不复回， 云帆万里向西开。
菰蒲两岸微风起， 杨柳长堤细雨来。
惊梦远迷箕子国， 旅愁独上楚王台。
行行见说巫山近， 一听猿声转觉哀。

註

* 金九容: 高麗時代 學者(1338-1384)
* 田家: 농촌의 농가.
* 黃犢: 송아지.
* 號乳: 젖 달라고 보챈다는 뜻.

江 村

恒山 金裕赫

(金九容 詩의 回開來台哀 운자에 맞추어 지음)

江水清清自遠回　田家点点眼前開
雁陣擇方相促進　鷄群見食互呼來
騷客閑遊詩會閣　漁翁久坐釣魚臺
母牛運物中難止　黃犢號乳聽也哀

뜻풀이

맑고 맑은 강물은 먼 곳을 돌아서 흘러가는데
여기저기 흩어진 농가가 한 눈에 들아 오는구나.
기러기 행진은 갈 곳을 찾아 떠나기를 재촉하고
뜰 아래 닭들은 먹을 것을 보자 서로를 불러들이네.
풍류객들은 시회가 열린 정각에서 즐겁게 놀고
고기잡이 노인은 낚시터에 오래 앉아 있구나.
어미 소는 짐차 끄느라 중간에서 쉴 수도 없건만
송아지는 젖 달라 외치니 그 소리 듣기 애절하구나.

重 九

郑道传

(韻字: 窮 重 峰)

故园归路渺无穷，
水绕山围第几重？
望欲远时愁更远，
登高莫上最高峰。

註

* 鄭道傳: 朝鮮時代 名臣(?-1393)
* 重陽節: 9월 9일을 중양절이라 하는데 그 이유는 陽數(九)가 겹쳤다는 뜻이다.
* 汗苦: 여름철에 농사짓느라고 땀흘려가며 고생했다는 뜻임.
* 玩菊: 국화를 애완한다는 뜻.
* 陶風: 진나라 때 도연명이 국화를 좋아했던 풍류를 의미함.
* 淸儒: 청렴결백한 선비를 말하는 것임.
* 作號: 아호를 짓는다는 뜻.
* 雲峰: 雲은 청천에 떠 있는 구름을 잡는다는 학도들의 높은 理想을 의미하며, 峰은 하늘을 떠받치고 있는 支柱와도 같은 나라의 棟梁之材를 의미한다.

重陽節

恒山 金裕赫

(鄭道傳 詩의 窮雄峰 운자에 맞추어 지음)

凉秋佳節有誰窮
汗苦農功應覺重
玩菊陶風能養志
淸儒作號好雲峰

뜻풀이

가을 거지 풍성한 때 궁색한 이 없으니
피땀 흘려 지은 농사의 보람 참으로 대견하다.
도연명은 국화를 즐기면서 뜻을 길렀다지만
선비들은 구름 위로 솟은 峯자 雅號 좋아한다네.

送人之金刚山

成石磷

(韻字: 峰 同 紅)

一万二千峰，
高低自不同。
君看日轮上，
何处最先红？

註

* 成石磷: 朝鮮時代 名臣(1338–1423)
* 萬餘峰: 금강산 12,000봉을 말하는 것임.
* 醉景: 아름다운 경치에 빠져든다는 뜻임.
* 奠雁: 기러기를 드린다는 뜻으로서 이는 갖다 바친다는 말임. 전통결혼식장에서는 奠雁이라는 식순이 있다. 신랑 측에서 신부 측으로 기러기를 갖다 바친다. 이는 기러기가 지니는 4가지 德(雁有四德: 信. 和. 節. 義)을 약속한다는 뜻이다.
* 納紅: 納은 헌납한다는 뜻이며 紅은 붉은 단풍을 말함.

金剛山

恒山 金裕赫

(成石磷 詩의 峰同紅 운자에 맞추어 지음)

金剛萬餘峰
醉景與誰同
歲歲秋奠雁
年年地納紅

뜻풀이

금강산에는 일만 이천 봉이 있다고 한다.
그 아름다운 경치를 뉘와 더불어 즐기랴?
해가 바뀔 때마다 가을은 기러기를 불러들이고
천년만년 대지는 붉은 단풍을 공납한다오.

漫 书

郑希良

(韻字: 愁 流 樓)

鸭江如带去悠悠，
岁月无声暗逐流。
万里胡天云出塞，
一声羌笛客登楼。

註

* 鄭希良: 朝鮮時代 文官(1469-?)
* 艮流: 艮은 東北方. 艮流는 동북방으로 흐르는 豆滿江과 松花江을 말하는 것임.
* 玉帝: 하늘에 계신 玉皇上帝라는 뜻임.
* 蟬哭夏: 매미가 울어대는 炎夏의 계절을 말하는 것임.

長白山

恒山 金裕赫

(鄭希良 詩의 悠流樓秋頭 운자에 맞추어 지음)

青山秀麗水悠悠　鴨綠西流他艮流
天池常滿仙人浴　長白穿雲玉帝樓
山頂雖無蟬哭夏　群峰各有雁飛秋
風景謳歌觀賞客　相從作列好先頭

뜻풀이

청산은 아름답고 물은 굽이쳐 멀리 흐르는데
압록강은 서쪽으로, 다른 강은 동북방으로 흐르네.
천지의 못은 늘 물이 넘쳐나 신선들의 목욕장이었고
장백산은 구름 위로 솟았으니 옥황상제의 쉼터이로세.
산정에는 비록 매미 울어 주는 여름철 낭만은 없지만
못 봉우리에는 기러기 날아드는 풍류가 있다오.
백두산 풍경을 즐기며 노래하는 많은 관광객들은
서로 줄을 서면서도 앞자리 차지하려 옥신각신 하네.

寄权正卿

申叔舟

(韻字: 盈 名 生 明)

东极来千里，　边城月再盈。
隔江皆虏聚，　问地半胡名。
鼙鼓连山动，　风沙拂面生。
和戎谋已拙，　两鬓雪花明。

註

* 申叔舟: 朝鮮時代 學者(1417–1475)
* 困知: 困而知之의 줄인 말이다. 生而知之, 學而知之, 困而知之를 三知라 한다. 生知者는 聖人이요, 學知者는 賢人이요, 困知者는 平人이다.
* 性靜情逸: 千字文에 나오는 구절이다.
* 心虛: 마음을 비운다는 뜻이다.

書友惜別

恒山 金裕赫

(申叔舟 詩의 盈名生明 운자에 맞추어 지음)

送君東嶺路　歸晩月再盈
困知過幾歲　以學欲傳名
性靜情尤逸　心虛道自生
如斯先聖訓　力進亦難明

뜻풀이

동쪽 고갯길에서 그대와 헤어지고
저녁 늦게 돌아오니 달은 다시 둥글게 차있었네.
온갖 고생 겪으면서 공부하기를 몇 해나 거듭 했던가?
학문으로써 후세에 이름 전하고자 마음 다짐 했다오.
성품이 안정되면 정서가 더욱 편해지고
마음을 비우면 도가 절로 나오게 된다고 배웠는데.
그 같은 옛 성현의 가르침을 터득하고자
힘써 정진하고 있지만 역시 그 참뜻 밝혀가기 어렵구나.

次庆州壁上韵

崔应贤

(韻字: 春 新 人)

风尘回首几番春，
案牍堆前白发新。
夜半惯成林下梦，
明朝依旧未归人。

註

* 崔應賢: 朝鮮時代 文官(1428-1507)
* 古邑: 옛 都邑地라는 뜻으로서 여기에서는 慶州를 말함.
* 遺痕: 옛부터 전해지고 있는 文物의 흔적이라는 뜻.
* 留名: 後世에 이름을 남긴다는 뜻. 옛 말에 호랑이는 죽어서 가죽을 남기고 사람은 죽어서 이름을 남긴다. 이를 虎死留皮 人死留名이라 한다.
* 貴傑: 보통 인물이 아니라 영걸 중의 영걸을 말한다.
* 學其人: 영걸로 전해지고 있는 그의 인간상을 배운다.

慶州有感

恒山 金裕赫

(崔應賢 詩의 春新人 운자에 맞추어서 지음)

故邑時來城滿春
遺痕多處古風新
史上留名皆貴傑
夢中欲見學其人

뜻풀이

옛 고을에도 때가 오면 온 성곽에 봄기운이 넘치고
역사유적이 많은 곳엔 옛 풍류의 맛이 새롭구나.
역사에 이름을 남긴 이들은 모두가 훌륭한 인물이니
꿈속에서라도 한번 만나 그 인간상을 배워보고 싶네.

次华使张承宪公游汉江

申光汉

(韻字: 臺 埃 來 開 盃)

天上河源落五台， 楼前澄影隔尘埃。
杨花春尽帆归远， 楮岛烟消雁影来。
物色不随游子去， 芳尊今为使君开。
三韩胜地皆方丈， 更借仙风倾一杯。

註

* 申光漢: 조선시대 학자(1484–1555)
* 世埃: 풍진으로 얼룩진 混濁한 世態를 말하는 것임.
* 汗苦: 땀을 흘려가면서 괴로움을 이겨간다는 뜻.
* 仁里: 살기 좋은 마을이라는 뜻으로서 이는 論語의 里仁爲美에서 引用한 것임.
* 漢江奇蹟: 朴正熙大統領 時代에 이룩한 한국의 발전상을 세계의 모든 나라에서는 이를 한강의 기적이라 일컫고 있음.

漢江閑步

恒山 金裕赫

(申光敍 詩의 台埃來開盃 운자에 맞추어 지음)

相從文友上樓臺　臨席同聲恨世埃
濁俗汚流誰可滌　英雄何故不再來
汗苦拓新仁里作　漢江奇蹟使民開
團坐回想過日事　慰撫舊勞復傾盃

뜻풀이

선비들이 서로 어우러져 누각에 오르더니
자리에 앉자마자 같은 목소리로 세상을 한탄하네.
혼탁해진 나쁜 풍조를 누가 씻어낼 수 있을까?
영웅은 어찌하여 다시는 오지 않는가?
땀을 흘려 혁신운동으로 살기 좋은 마을 만들고
한강변의 기적을 백성들과 함께 펼치기도 했는데...
서로 둘러 앉아 지난날의 일들을 회상하면서
그때 그 날의 노고를 달래며 다시 술잔을 기울인다.

感遇

许 篈

(韻字: 松 踪 冬 忡)

君好堤边柳，　妾好岭头松。
柳絮忽飘荡，　随风无定踪；
不如岁寒姿，　青青傲穷冬。
好恶苦不定，　忧心徒忡忡。

註

* 許篈: 朝鮮時代 文人(1551–1588)
* 衆木: 여러 종류의 나무.
* 仙遊處: 신선들이 놀고 갔다는 곳을 말하는 것임.
* 彼遺踵: 신선들이 남기고간 발자취라는 뜻.
* 忡忡: 고민에 젖어들어 마음의 불안을 나타내는 모습.

獨 白

恒山 金裕赫

(許篈 詩의 松踪冬忡 운자에 맞추어 지음)

衆木誇其貌　鶴安好碧松
欲見仙遊處　難尋彼遺踪
菊何開九月　燕豈避三冬
時來來復去　焉有獨忡忡

뜻풀이

뭇 나무가 저마다 제 모습을 자랑 하는데
학은 어찌하여 푸른 소나무만을 좋아 하는가?
신선들이 놀다 갔다는 곳을 가보기도 했지만
신선들이 남기고간 발자취는 찾아보기 어려워라.
국화는 어찌하여 서리 내리는 구월에 피어나며
제비는 왜 겨울철을 피해서 남쪽으로 가는가?
때가 오면 왔다 다시 돌아가는 것이 세월이거늘
어찌 나 홀로서 마음 외롭고 쓸쓸하다 하리요?

索引 일람표

【ㄱ】

갈등 154
감나무 62
강촌의 바위 120
강화도 179
개미 175
거울 195
경포대 191
고속도로 72
고향 생각 108
고향의 녹차 114
구제역 200
군밤 167
기러기 태몽 24
기러기의 편지 32
꿩 44
感事 228
感懷 218, 219
感旧 322
感舊 323
感遇 342
甘州即事 240
江亭 261
江村 329
江水 328
凱歌 282
居庸关 268
客愁 297
鷄龍山 265
師得家书 222
慶州有感 339
古堂閑坐 247
高州杂咏 272
故宮 325
关中 250
舊王城 有感 235
菊秋有感 229
闺怨 254
金剛山 333
寄冯敬叔 264
寄权正卿 336

【ㄴ】

나 홀로의 길 30

남산 94
내가 나를 좋아하는 이유 78
노인정 132
눈송이 64
느티나무 50
늙은 말 47
南行感怀 296
老客作友 295

【ㄷ】

단풍잎 54
대추나무 166
도랑물 119
두견새의 사연 36
등대 19
獨白 343
洞庭酒楼 320
登 南山 243
登 南漢山城 221
登 普德窟 275
登楼 304
登泰山 246

【ㅁ】

마니산 92
매란국죽 165
무궁화 22
미투리 신사 20
晚渡咸阳 242
晚登西城 220
漫书 334
秣陵桃叶歌 300
望匡庐 310
望景楼 324
望鄉 223
明十三陵 有感 217
闻警 284
憫貧 239

【ㅂ】

바다 98
반 달 181
반포오 176
백두산 정상에서 90
버드나무 55
벌 177
보릿고개 205
봉황 34
부엉이 138
북두칠성 88
불혹의 새마을운동 150
붓 126
비 오는 뜰에서 122
비행기 182
뻐꾸기 사연 178
뽕나무 56
盘山绝顶 274

白燕 224
白頭山天池 319
白馬高地戰鬪 269
别云间 318
丙申岁咏怀 226
赴戍宣州卫 316
怀陈将军同甫 276

【ㅅ】

사계절 80
산 봉우리 180
산사의 종소리 67
살구 꽃 52
삼각산 96
3월 26일의 충격 100
상강의 시혼 148
상상 204
새벽 닭 42
선비집의 세 가지 소리 160
스승의 날 158
시와 숲길 189
시우 70
시의 대화 74
신호등 185
씨름 201
思 漢高祖 293
思 農村田園 263
思 齊桓公 251
思 老萊子之孝 255
思田园 262
写怀寄僧 244
山寺夜泊 245
山居 236
山海关 286
山海關 287
山行 233
塞上曲 260
書友惜別 337
惜別 289
送人之荆门 232
送人之金剛山 332
送别刘大甫 288
巡觀 金剛山 257
新年元旦 253

【ㅇ】

아파트 숲 193
안개 184
안중근 194
양 124
옛 낚시터 209
오동나무 59
오만하려거든 128
옷이 날개로세 144
옹야 옹야 106
왕눈이 묵동 211
용 169
우면산 197

운명 75
원두막 142
은행나무 168
이정표 130
잉어 171
安重根 義士 277
野菊 321
往 山寺 231
往 平壤 267
邮亭残花 290
谕临蒸县官 216
留 山家 237
维扬怀古 234
越南密林 月夜 283
越南戰線 273
仁旺山 285
一四後退 271
立春日舟中題 252

【ㅈ】

잘 살아라 206
정화수 76
제비 173
좀도리 통 207
自警自說 299
殘雪 291
杂诗 258, 298
長白山 335
吊淮阴侯 306
征父词 238
題 杜少陵像 314
题杜少陵像 312
早朝觀日 327
弔鳥死 307
早行 326
重九 330
重陽節 331
贈西人利西泰 270

【ㅊ】

차 한 잔 112
참새 172
책갈피
속의 메모 156
철룡같은 지하철 196
청계천 140
청음과 낙관 192
칠갑산 장곡마을 210
침묵 203
次华使张承宪公游汉江 340
次庆州壁上韵 338
阊门即事 256
秋夜 248, 249
秋日望野 309
秋日野望 308
草堂問候 313, 315
總長就任 241
出洋關 227

醉金剛山 311

【ㅌ】

태극기 102

【ㅍ】

포구 183
平壤拜箕子墓并访井田遗迹 266
沛县过高帝庙 292

【ㅎ】

학 174
한강 46
한강의 침묵 104
한옥 예찬 134
함지박 199
허수아비 136
호박 넝쿨 208
호수 202
何梅阁山居 230
夏日闲居 294
漢江閑步 341
漢畔樹亭 225
鄕愁 305
黃河夜泊 302
黃河有感 303
紅桃歌 301
回顧 狙擊陵線 317
訓 兒 259

漢詩와 잘 어울리는 時調와 現代詩
미투리 신사와 詩의 마당

펴낸이 _ 장 호 성
저 자 _ 김 유 혁
펴낸곳 _ 단국대학교출판부
등 록 _ 1968.2.27 : No. 제03-00095호
주 소 _ 경기도 용인시 수지구 죽전동 126번지
전 화 _ 031-8005-2405 팩 스 _ 031-8021-7154

편 집 _ 박 보 혜

2010년 10월 15일 초판 인쇄
2010년 11월 25일 2쇄 발행

인 쇄 _ 신 양 사

[값 15,000원]

Published by Dankook University Press

ISBN 978-89-7092-448-9 93810